기업경영과 법의 만남

기업경영과 법의 만남

초판 1쇄 인쇄 | 2018년 7월 25일
초판 1쇄 발행 | 2018년 7월 30일
초판 2쇄 발행 | 2019년 9월 5일

지은이 | 신홍철
펴낸이 | 황인욱
펴낸곳 | 도서출판 오래
　　　　04091 서울시 마포구 토정로 222, 406호(신수동, 한국출판콘텐츠센터)
　　　　전화 02-797-8786, 8787
　　　　팩스 02-797-9911
　　　　이메일 orebook@naver.com
　　　　홈페이지 www.orebook.com
　　　　출판신고번호 제2016-000355호

ISBN 979-11-5829-046-7 03360

값 15,000원

이 도서의 국립중앙도서관 출판예정도서목록(CIP)은 서지정보유통지원시스템 홈페이지(http://seoji.nl.go.kr)와
국가자료공동목록시스템(http://www.nl.go.kr/kolisnet)에서 이용하실 수 있습니다.(CIP제어번호: CIP2018022840)

기업경영과
법의 만남

신흥철 지음

圖書出版 오래

추천사

　오늘날 많은 경영자들이 날로 불확실해지는 경영환경 속에서 기업가치를 높이고 기업의 다양한 이해관계자들의 요구를 충족시키기 위하여 불철주야 노력하고 있다. 기업을 둘러싼 다양한 경영환경에 대한 경영자들의 깊은 이해가 요구되는 상황에서, 최근 들어 그 중요성이 크게 높아지고 있는 분야가 있다. 바로 기업경영과 관련된 우리나라의 법적 제도와 규제 환경에 대한 충분한 이해 및 이를 바탕으로 한 위험관리이다.

　하지만 기업경영을 둘러싼 법률 환경의 빠른 변화에도 불구하고 많은 일선 경영자들은 이에 대한 전문적인 지식이 부족한 경우가 많다. 따라서 경영과 관련된 법적 이슈들을 시의적절한 사례 중심으로 간결하면서도 알기 쉽게 풀어 쓴 정보가 절실한 상황이다. 그러나 기업경영 및 관련 법률문제 양쪽 모두에 정통한 전문가들은 생각보다 현업에 많지 않다. 나아가 관련 지식을 경영자들뿐만 아니라 관심있는 일반 대중들도 알기 쉽게 풀어 쓸 수 있는 전달력과 필력까지 갖춘 전문가는 더더구나 부족한 것이 현실이다.

　이러한 현실 속에서 이 책의 저자인 신흥철 변호사는 단연 돋보이는 실무가이다. 본인은 신흥철 변호사를 외부 초청 강사로 처음 알게 되었다. 본인은 서울대학교 경영대학의 교수로서 다양한 임원교육 과정을 통해 대기업 및 중소기업의 임원들과 대화하고 교류하여 오면서, 일선 경영자들이 기업경영과 관련된 법적 환경에 대하여 보다 잘 이해하고 싶어함에도 이를 채워줄 전문가가 많지 않아 갈증을 느끼고 있음을 체감하게 되었다. 그러한 갈증을 채워준 사람이 바로 신홍철 변호사였기에 이번 "기업경영과 법의 만남"이라는 책의 출간을 매우 반기지 않을 수 없다.

신홍철 변호사는 본인이 담당하고 있는 서울대학교 경영대학 재무/회계담당 임원 전문교육과정인 "CFO 전략과정"에서 오랜 기간 동안 다양한 기업지배구조 이슈들에 대하여 사례중심으로 강의를 해 왔다. 신 변호사의 다채로운 이력에서 알 수 있듯이, 신 변호사의 강의는 그의 지식 및 경험과 통찰력을 기반으로 한 수준 높은 강의이다. 그러면서도 재미가 있다. 그의 강의는 뛰어난 전달력과 높은 전문성으로 인해 지속적으로 수강생들에게 최고의 강의라는 평가를 받아왔다. 신 변호사는 이 책에서도 기업경영에 관련된 법적 이슈 및 쟁점들을 알기 쉽고 간결하면서도 학문적 엄격함을 유지한 채 전달하는 데 성공하였다.

부디 신홍철 변호사가 이번에 출간한 "기업경영과 법의 만남"이 우리나라 기업경영자들 및 관심있는 일반 독자들에게 비즈니스 법의 세계에 대한 보다 나은 이해를 전달하는 데 큰 공헌을 하기 바란다.

서울대학교 경영대학 교수

신 재 용

프롤로그

이 책에 실린 글들은 필자가 지난 2016년 7월부터 2년 6개월 동안 CEO&라는 월간 잡지에 연재하였던 "기업경영과 법의 만남"이라는 칼럼들을 모은 것이다.

처음에는 기업지배구조를 중심으로 우리나라 기업들에서 실제로 일어났던 몇 가지 중요한 사례들을 소개하는 것으로 끝내려고 하였다. 그러나, 계속 칼럼을 연재하다 보니 독자들의 반응도 괜찮고, 나 또한 소개하고 싶은 주제들이 계속 있어, 하나씩 둘씩 이어가다 보니 어느 덧 30편의 칼럼이 완성되었다.

여기에 실린 글들은 필자가 지난 20년 이상 기간동안 판사로서, 기업체 임원으로서, 그리고 로펌 변호사로서 실제로 경험하였거나 관심을 갖고 조사하였던 여러 실제 사례들에 기초하고 있다.

필자는 이러한 사례들을 중심으로 수백 번 이상의 강의를 해 온 바 있다. 강의를 할 때마다 강의 내용을 책으로 엮어보고 싶다는 생각은 많이 해 보았으나, 바쁘다는 핑계로 차일피일 미루다가 이제 겨우 작은 결실이라도 맺은 것 같다.

여기에 실린 칼럼들은 좀 독특한 형식이다. 순수 법률이론서도 아니고, 단순한 사례 소개서도 아니면서, 필자 나름의 시각으로 현실 세계에 대한 비판적 분석을 하고 있다. 이러한 형식의 글들은 지금까지는 없었던 것 같다.

필자는 이 칼럼들을 법을 잘 모르더라도 비즈니스에 종사하면서 한 번쯤 비즈니스 관련 법에 관심이 있었던 사람이라면 누구나 쉽게 이해할 수 있도록 써 보았다. 특히 우리 사회에서 현재 실제로 일어나고 있는 사건들을 중심으로 분석하였기 때문에 시사성도 있을 것이다. 그러면서도 이 책은 비즈니스 관련 법률 이론을 공부하거나 사례를 연구하고 싶은 로스쿨 학생 또는 실제 사례를 통해서 경험을 쌓고 싶은 실무 법조인들에게도 큰 도움을 줄 수 있을 것으로 기대한다.

모쪼록 이러한 새로운 형식의 칼럼집이 일반 독자들의 교양수준도 높여 주면서, 우리나라의 비즈니스법 생태계의 발전에 조금이라도 기여할 수 있게 되기를 바란다.

2019년 여름
법무법인 로플렉스 대표변호사 **신흥철**

차례 C o n t e n t s

Part 1
기업지배구조와 이사의 책임

Chapter 01

회사의 주인은 누구인가

• • •

회사의 경영진은 주주를 위해서 일한다. 그러나 주주간의 이해관계가 충돌하는 특수
상황에서는 어떤 주주를 위해서 일해야 하는가?
현행법 상 회사의 경영진에게는 회사의 주인을 바꿀 수도 있는 강력한 권한이 주어
져 있고, 그럼에도 불구하고 전체 주주의 보편적 이익 및 회사의 이익에 반하는 경영
적 판단을 내릴 경우 업무상 배임의 문제에 직면할 수 있다.

회사의 주인은 누구일까? 필자가 외부 강연 시간에 이런 질
문을 던지면 열에 아홉은 "회사의 주인은 주주입니다"라고 답변한
다. 과연 그럴까?

주주자본주의가 아니라 사회적 자본주의를 택하고 있는 유럽 국
가들에서는 주주 외에 채권자, 임직원, 협력업체, 소비자, 지역주
민, 정부 등 이해관계자(stakeholders)까지도 회사의 주인 범주에 집
어넣어서 논의를 한다. 하지만 여기에서는 일단 주주자본주의만
놓고 얘기해 보기로 하자. 주식회사는 그 개념상 주주가 출자한
자본금을 바탕으로 설립 및 운영되는 물적 조직체이다. 그러므로
회사의 주인은 주주라는 대답은 적어도 교과서적으로는 맞는 대
답이다. 그러나 사회의 현실은 그렇게 교과서적으로만 돌아가지

않는다. 주주는 균일집단이 아니기 때문이다.

특히 수많은 주주가 있는 대기업의 현실을 보면 주주라 하더라도 다 같은 주주가 아니다. 동일한 목적을 가지고 뭉친 유기적 단일체로서의 주주집단이란 존재하지 않는다. 보유 주식수만 놓고 보더라도 회사 자본의 대부분을 출자하여 경영권을 확보하고 있는 최대주주부터 단 한 주의 주식만을 보유한 소수주주까지 그 스펙트럼은 다양하다. 또한 회사의 경영권 유지를 위해서 장기간 주식을 보유하는 주주가 있는가 하면, 단기차익을 노리고 금새 주식을 팔아치워 버리는 주주도 있다. 적대적 M&A 상황이 되면 더 복잡해진다. 누가 과연 회사의 주인인지 헷갈리기 시작한다. 현재 갖고 있는 경영권을 지키기 위하여 방어하는 측이나 경영권을 빼앗기 위하여 공격하는 측이나 모두 주주이기 때문이다. 공격하는 쪽이 외국인이고 방어하는 쪽이 한국인이면 애국심까지 등장해야 한다. 회사의 주인을 위해서 일해야 하는 경영진과 임직원들은 과연 어느 쪽 편에 서야 하는가?

삼성물산 합병 반대한 엘리엇도 회사의 주인

2015년 6월경 삼성그룹의 지배구조 개편을 위한 삼성물산과 제일모직 간의 합병 의안을 놓고 삼성물산의 주주들 간에 격심한 대립이 있었다. 삼성물산의 외국계 대주주 중 하나인 엘리엇 매니지먼트(이하 "엘리엇"이라 한다)라는 헷지펀드는 한국에서 삼성물산의 합병을 저지하기 위한 가처분 소송을 함으로써 법적 분쟁까지 이어졌다. 당시 엘리엇은 삼성그룹의 지배권을 이재용 부회장에게 넘겨 주기 위하여 삼성물산의 소수주주들이 희생되고 있다고 주장하였다. 그 논리를 살펴 보기 전에 우선 삼성그룹의 지배구조를 조금 분석해 보자.

삼성그룹은 제조업을 책임진 삼성전자와 금융업을 책임진 삼성생명이라는 양대 회사를 주축으로 구성되어 있다. 나머지 계열사들은 대부분 삼성전자와 삼성생명의 자회사들이다. 그리고 이와 별도로 삼성물산이라는 독립회사가 있다. 한편 삼성전자의 대주주는 삼성생명과 삼성물산이다(이러한 지배구조가 금융과 산업의 분리, 소위 금산분리 정책에 맞지 않으므로 개선되어야 한다는 주장도 활발하다. 다만 이 쟁점은 일단 여기에서는 제외하고 보자). 그러므로 이론상 삼성생명과 삼성물산을 지배하게 되면 국내 최대기업인 삼성전자를 포함한 삼성그룹 전체의 지배권을 확보할 수 있게 된다. 2019년 7월 기준 삼성전자 시가총액이 270조원이 넘으니 그 주식 1%를 확보하기 위해서는 2.7조원의 돈이 필요하다. 그러니 개인은 주식 매집을 통해서는 절대로 삼성전자의 지배권을 확보할 수 없다. 하지만 삼성그룹은 경영권 승계를 위하여 이재용 부회장 지배 체제를 만들어내야 하였다. 이를 위해서 삼성에버랜드의 전환사채(CB)가 이용되었다. 비상장회사인 삼성에버랜드가 삼성생명의 최대주주였던 1996년 삼성에버랜드는 주주배정 방식으로 전환사채를 발행한 후 주주들의 실권을 거쳐 이를 대부분 제3자인 이재용 부회장에게 몰아 주었다. 이재용 부회장은 이를 주식으로 전환하여 삼성에버랜드의 최대주주가 되었다. 그리고 자연스럽게 그 자회사인 삼성생명까지도 지배하게 되었다. 그 후 삼성에버랜드는 상장회사인 제일모직과 합병함으로써 상장회사가 되었다. 그리고 이제 제일모직과 삼성물산이 합병함으로써 이재용 부회장은 통합 삼성물산의 최대주주가 되고 그럼으로써 삼성전자까지도 확실하게 지배할 수 있게 된 순간 엘리엇이 딴지를 걸고 나온 것이다.

엘리엇의 논리는 다음과 같았다. 첫째, 제일모직과 삼성물산이 합병함으로써 사업적으로 시너지를 낼 수 있는 부분은 거의 없다. 그럼에도 불구하고 두 회사의 합병을 추진하는 것은 오직 이재용 부회장에게 삼성그룹의 경영권을 넘겨주기 위한 목적일 뿐이다. 둘째, 양사간의 합병을 위한 합병비율을 계산함에 있어서 삼성물산이 가지고 있는 막대한 자산가치를 반영하지 않음으로써 제일

모직에게 유리하고 삼성물산에 불리한 합병비율을 정하였다. 이는 오직 제일모직의 대주주인 이재용 부회장에게 이득을 안겨주기 위한 것으로서 이러한 합병을 추진하는 삼성물산의 임원들은 삼성물산의 소수주주들에게 손해를 입히는 업무상 배임을 저지르고 있다.

새로운 주인을 맞이한 경영진의 결단은 정당한가

이 사건의 심판을 맡은 서울중앙지방법원에서는 위와 같은 엘리엇의 주장이 모두 이유 없다고 판단하여 엘리엇의 가처분신청을 기각하였다. 그리고 삼성물산의 주주총회에서는 국민연금 등 국내 기관투자자들 및 개인투자자들의 다분히 애국심에 기반한 지지로 합병결의안이 통과되었다. 그로부터 몇년이 지난 지금 합병 삼성물산은 아직까지는 실적 면에서나 주가 면에서 합병 당시에 기대했던 시너지를 못 내고 있는 것 같다. 하지만 이로써 삼성그룹의 지배구조는 이재용 부회장 체제로 굳어지면서 경영권 승계가 마무리되는 효과를 얻게 되었다.

이러한 삼성물산 주주들간의 다툼 과정을 삼성물산이라고 하는 회사의 주인이 누구인가라는 우리의 명제 차원에서 한 번 살펴보자. 합병 결의안이 부의되었을 당시 엘리엇은 삼성물산의 지분을 상당히 보유하고 있는 대주주 중의 하나였다. 반면에 이재용 부회장은 삼성물산의 주식을 거의 보유하고 있지 않은 제3자였다. 그러므로 주식 보유 비율만 놓고 본다면 이재용 부회장보다는 엘리엇이 삼성물산의 주인에 가까운 편이었다. 그럼에도 불구하고 삼성물산의 경영진은 주인인 엘리엇보다는 제3자인 이재용 부회장에게 이득이 더 많은 제일모직과의 합병안을 강력하게 추진하고 성사시켰다. 그 과정에서 삼성물산의 임직원들이 개인투자자들을 찾아다니며 합병에 찬성해 줄 것을 부탁하고 다니고, 여러 미디어 매체에 합병을 지지해 줄 것을 호소하는 광고를 삼성물산의 비용 부담으로 게재하였다. 이러한 경영진의 의사결정 및 행위는 정당화될 수 있는가?

삼성물산 경영진의 행위가 엘리엇이 주장하는 바와 같이 법률적으로 업무상 배임이 될 수 있는지는 좀 더 따져 보아야 한다. 그러나 한 가지 분명한 것은 삼성물산의 경영진이 기존의 주인(엘리엇)을 배제하고 새로운 주인(이재용 부회장)을 맞아 들이는 경영적 결단을 하였다는 것이다. 우리 법제 상으로는 이와 같이 회사의 경영권을 위임받은 대리인 격인 경영진이 회사의 주인을 바꾸는 의사결정을 하는 것이 가능하도록 되어 있다. 방법은 간단하다. 기존의 주주를 배제하고 제3자 배정 방식(또는 주주배정방식에서 주주의 인수 포기 후 제3자에게 배정하는 방식)으로 기존 주주의 지배권을 뒤집을 만큼 대량의 신주 또는 신주유사증권(CB/BW)을 발행하면 된다. 삼성그룹의 지주회사 격이었던 삼성에버랜드 전환사채(CB) 발행 역시 이러한 방식으로 기존 주주를 배제하고 회사의 주인을 바꾼 사건이었다.

물론 이러한 방식을 무제한으로 사용하는 것은 가능하지 않고 약간의 법률적, 절차적 제한이 있기는 하다. 하지만 재미있지 않은가? 경영권을 맡겨 놓은 대리인이 자기 마음대로 회사의 주인을 바꿀 수 있다는 것이. 현실에서 기존 대주주(회장님)와의 사전 교감 없이 그러한 엄청난 일을 저지를 경영진이 과연 있겠는가는 별개로 말이다.

Chapter 2

이사의 의무와 법률상 책임

• • •

회사의 경영을 실제로 담당하는 이사들은 주의의무와 충실의무를 부담하고 이를 위반한 경우 손해배상 및 업무상 배임의 책임을 져야 한다. 다만 이사가 충분한 정보를 가지고 신중하고 합리적인 판단을 내린 경우에는 법적 책임이 면제되며, 이를 경영판단의 원칙이라고 한다.

주식회사 제도는 자본주의의 눈부신 성장을 일구어 낸 견인차로서 인류 최대의 발명품 중 하나라고 불리기도 한다. 또 다른 한편으로는 부정적 시각도 있다. 예컨대 국부론을 제창한 아담 스미스(Adam Smith: 1723-1790)는 주식회사 형태에 대하여 회의적 시각을 가지고 있었다. 스미스에 의하면 주식회사를 실제로 경영하기 위해서는 경영자가 필요한데, 경영자는 회사를 위하여 주주보다 열심히 일하지 않는다. 왜냐하면 주주의 대리인인 경영자는 회사의 이익보다는 자신의 이익을 극대화하려는 경제적 동기를 가지고 있기 때문이다. 회사가 커질수록 주주가 경영자를 감독하고 통제하는 데 어려움이 발생하므로 주식회사 형태는 널리 이용되지 못할 것이다. 하지만 이러한 예측은 빗나갔다. 다만 스미스는 현대 주식회사 제도의 핵심적 특성 중 하나인 대리인 비용 (agency cost) 문제를 정확하게 파악하였다.

대리인 비용과 기업지배구조

대리인 비용은 자원의 소유자인 경제주체가 타인을 통해 거래하게 되면서 불가피하게 발생하는 거래비용(transaction cost)의 일종이다. 대리인 비용은 회사 내부에서의 거래에서 특히 중요하다. 경영자의 이익과 주주의 이익은 항상 일치하지는 않기 때문에 실제로 회사의 자원을 통제하는 경영자는 그로 인해 회사의 가치를 극대화하지 못하게 된다. 그 외에도 회사에서는 대주주와 소수주주, 주주와 채권자 사이에서도 대리인 비용이 발생하며, 이로 인해 사회 전체의 후생 역시 극대화하지 못한다.

대리인 비용을 어떻게 극소화할 것인가? 주주의 이익과 경영자의 이익을 일치시키기 위한 수단으로 경영자에게 스톡 옵션(stock option)을 주는 방법이 있다. 그러나 주가는 경영자의 성과 외에도 세계 경제의 흐름이나 산업의 부침 등에 의해서도 크게 영향을 받기 때문에 경영자의 성과를 정확하게 짚어내는 지표로는 부족한 면이 많다. 뿐만 아니라 경영자들은 보상을 노려 단기실적 위주로 경영의사 결정을 하게 된다. 단기실적 위주의 경영이란 그로부터 보상을 받는 경영진의 사적 이익 추구라고도 볼 수 있기 때문에 그로부터 다시 대리인 비용이 발생한다. 풀기 어려운 숙제가 아닐 수 없다.

이사의 주의의무와 충실의무

법률적으로는 회사의 경영을 책임진 이사들에게 일정한 의무를 부과하고 이를 위반하였을 때 강력한 민형사상 책임을 지도록 함으로써 규제를 할 수 있다. 민사책임의 대표적 예는 손해배상이고, 형사책임의 대표적 예는 업무상 배임죄에 의한 처벌이다.

그러면 이사는 어떠한 법률상 의무를 부담하는가? 우선 이사는 회사의 이익을 위해 신중하고 합리적으로 모든 경영상의 판단을 내려야 하며 다른 이사와 회사 임직원들의 직무수행을 성실히 감독해야 한다. 이를 이사의 주의의무(duty of care)라고 한다. 이사의 주의의무는 후술하는 바와 같이 경영판단 원칙(business judgment rule)의 보호 하에 수행된다.

또한 이사는 사적인 이익을 도모하지 않고 이해관계 충돌(conflict of interest) 상황에서도 회사의 이익을 위해 직무를 충실하게 수행해야 한다. 이를 이사의 충실의무(duty of loyalty)라고 한다. 상법에서는 이사의 충실의무가 적용되는 몇 가지 예를 들어 놓았지만 그 범위는 이에 한정되는 것이 아니다. 상법에서 규정한 것은 예컨대, 이사의 보수를 이사 스스로 정하지 못하도록 한 것, 이사가 회사와 경쟁관계에 있는 영업에 종사하지 못하도록 한 것, 이사가 스스로 회사와 거래하는 행위(self-dealing)를 금지한 것, 이사가 회사의 사업기회 및 자산을 유용하는 행위(usurpation of corporate opportunity)를 금지한 것 등이다. 실제로 우리나라에서도 삼성, 현대자동차, SK 등의 재벌 그룹을 비롯하여 많은 기업의 총수 및 이사들이 이러한 의무 위반으로 회사에 손해배상을 하고 형사처벌을 받았다.

경영판단의 원칙

이와 같이 경영자가 이사로서의 주의의무 위반을 이유로 민형사상 제소를 당했을 때 쓸 수 있는 유용한 방어수단이 경영판단의 원칙이다. 경영판단의 원칙이란 미국 판례법에 의하여 발전된 이론으로서, 지금은 우리나라의 판례도 이를 인정하고 있다. 그 요지는 이사가 그 권한범위 내에서 신중하고 합리적인 판단을 내리고 그에 의거하여 행동한 경우 그 결과가 회사에 손해를 초래하게 되더라도 이사에게 법적인 책임을 묻지 않는다는 것이다. 법적인 책임만을 의미하며 예컨대 해임, 징계 등의 경영상, 인사상 책임까지 면제된다는 의미는 아님을 주의해야 한다. 이는 기업의 경영자들이 끊임없는 이노베이션과 모험적인 투자를 통해 회사를 발전시킬 수 있는 기본적인 안전장치인 셈이다. 만약 실패한 투자가 생길 때마다 경영자가 법적인 책임을 져야 한다면 그 누구도 소신껏 직무수행을 하기 어렵고 복지부동(伏地不動)의 행태만이 만연하게 될 것이다.

미국에서 경영판단의 원칙과 관련하여 가장 유명한 케이스는 1985년 트랜스 유니언 사건(Trans Union case)이다. 미국 델라웨어 주에 소재한 트랜스 유니언은 열차제작회사로서 1980년 다른 회사와 합병계약을 체결하였다. 상대방 회사는 트랜스 유니언 주식 모두를 시가보다 20$ 높은 주당 55$에 매수하기로 하였다. 그런데 당시 트랜스 유니언의 이사들은 CEO가 제시하는 합병안을 이사회에 나와 비로소 접하였고 약 2시간 남짓한 시간에 걸쳐 그 내용을 보고받고 결정하였다. 합병계약서 자체는 CEO 반 고콤(Van Gorkom)이 오페라를 감상하면서 싸인한 것이다. 합병가격이 주식 시가에 50% 이상의 프리미엄을 붙인 것이라 누구도 이 딜이 주주들에게 해로운 것이라 생각하지 않았다. 하지만 델라웨어 주 법원은 트랜스 유니언의 이사들이 주의의무를 위반하였다고 판결하고 이사들에게 2,300만$이 넘는 손해배상을 명하였다. 이와 같은 의사결정을 하려면 사전에 사안에 관련된 모든 정보를 숙지하고 신중한 자세로 전문가의 자문도 구하는 등 충분한 연구검토를 거쳐야 하는데 이를 게을리했기 때문에 주의의무를 위반하였다는 것이다. 이 판결은 미국 기업의 이사들에게 가장 큰 영향을 미친 판결 2위로 선정된 바 있다.

우리나라에서는 1998년 고려대 경영대학의 장하성 교수 등 참여연대가 주도하여 제기한 삼성전자 주주대표소송 사건이 가장 유명하다. 이 사건에서는 삼성전자가 이천전기를 인수한 의사결정이 경영판단으로서 보호받을 수 있는지 여부가 쟁점이 되었다. 1997년 삼성전자는 중전기사업체였던 이천전기의 주식 85.3%를 매수하고 신주를 인수하여 대주주가 되었는데 투자금액이 2,000억원에 달하였다. 이천전기는 삼성전자가 인수할 당시부터 자본잠식상태에 있었고 재무구조도 매우 열악하였다. 더욱이 IMF 경제위기가 닥치자 이천전기는 도산 지경에 이르렀고 삼성전자는 이천전기의 주식 전부를 제3자에게 95억원에 매각함으로써 1,904억원의 손실이 발생하였다.

이 사건에서 2003년 서울고등법원은 이사의 손해배상 책임을 인정한 제1심 판결을 뒤엎고 경영판단의 원칙을 적용하여 이사의 책임을 면제하였다. 재판부는 삼성전자의 경영진이 이천전기를 인수하기 1년 전부터 미리 실무자로 하여금 중전기사업에의 참여 필요성 및 사업성에 관하여 검토하게 하고, 재무구조개선방안, 향후 손익전망, 경영방침 등에 관하여 구체적으로 보고하게 한 점 및 이사회에 참석한 이사들이 담당 이사로부터 사업의 필요성, 신규법인 설립보다 이천전기 인수가 유리한 사정, 재무구조개선으로 흑자전환이 가능하다는 등의 설명을 들은 후 인수를 결정한 점을 중시하여, 이런 경우 경영판단의 원칙이 적용될 수 있다고 보았다. 이는 우리나라 기업들의 이사회 운영 실태를 고려하여 한국적 사정에 맞춘 판결로 볼 수 있다. 위 판결은 대법원에서 확정되었다.

이와 같이 경영판단의 원칙은 기업을 실제로 경영하는 이사들에게는 그 주의의무 위반에 따른 법적 책임을 면할 수 있는 유용한 방어수단이 될 수 있다. 하지만 최근 삼성물산 합병 주총에서 볼 수 있었던 바와 같이 주주들 간의 이해관계가 충돌되는 상황에서는 경영판단의 원칙이 적용될 수 없음을 주의해야 한다. 이 경우는 이사의 주의의무(duty of care)가 아니라 충실의무(duty of loyalty)가 적용된다. 그리고 이런 경우 이사는 엄정한 중립을 지키고 절차와 형식, 내용에 있어서 공정성을 유지하여야 한다(entire fairness doctrine).

그러나 우리나라의 법원은 주주들간의 이해 관계가 충돌하는 상황에서도 경영판단의 원칙을 무분별하게 적용하여 수긍하기 어려운 결론을 내는 경향이 있다. 시정되어야 할 재판 실무이다.

Chapter 3

주주의 신주인수권과 삼성특검 판결

• • •

주식회사의 주주는 각자가 보유한 주식 수에 따라 회사지배에 있어서 비례적 이익을 보유한다. 이는 주주의 신주인수권 제도에 의하여 보호된다. 하지만 일정한 경우에는 주주가 아닌 제3자에 대한 신주발행도 허용된다. 이와 같이 신주를 주주가 아닌 제3자에게 발행하게 되면 기존 주주의 지분율은 희석되고, 심한 경우에는 회사의 지배권이 넘어갈 수도 있다. 삼성특검 판결은 이러한 경우의 법적 책임을 다룬 중요한 판결이다.

주식회사는 주주가 자본을 출자하여 만든 회사이다. 주주는 여러 명인 경우가 보통이지만 개중에는 1명이 자본을 모두 출자하는 수도 있다. 이러한 회사를 1인 회사라고 부른다. 1인 회사의 경우에는 주주 1명이 모든 의사결정을 할 수 있다. 그러나 주주가 여러 명일 경우에는 가지고 있는 주식의 수에 비례하여 의사결정에 참여하게 된다. 주주가 의사결정을 하는 방법인 주주총회에서는 각각의 주주가 가지고 있는 주식 수에 따라 다수결로 의사결정을 하게 된다. 이러한 주주의 권리를 "회사지배에 대한 주주의 비례적 이익(proportionate interest)"이라고 한다.

주주의 비례적 이익

주주의 비례적 이익은 기존 주주의 입장에서는 매우 중요한 권리이다. 이를 계속해서 유지할 필요가 있다. 그래서 회사의 자본을 증가시키는 신주발행을 할 때에도 기존 주주에게 그 보유주식 수에 따라 신주배정을 하는 것이 원칙이다. 이를 주주의 신주인수권(preemptive right)이라고 한다. 신주발행과 유사한 효과를 갖는 전환사채(CB) 또는 신주인수권부사채(BW)를 발행하는 경우에도 마찬가지이다. 전환사채와 신주인수권부사채는 모두 회사가 발행하는 회사채의 일종인데, 전환사채에는 사채를 주식으로 전환할 수 있는 권리가 붙어 있고, 신주인수권부사채에는 장차 회사가 발행하는 신주를 인수할 수 있는 권리가 붙어 있다.

그런데 회사가 신규투자를 하고 신기술을 개발하는 등 성장하기 위해서는 돈이 필요하다. 기존의 주주가 그 재원을 모두 자본금으로 조달할 능력이 있으면 문제가 없다. 하지만 기존의 주주가 돈이 없다면 어떻게 할 것인가? 돈이 있는 제3자에게 주식을 주고 자본금을 납입받는 방법을 쓸 수밖에 없다. 그러나 이렇게 할 경우 기존 주주의 지분율은 희석(dilution)되고, 주주의 비례적 이익은 침해된다. 심한 경우 제3자에게 회사의 지배권이 넘어갈 수도 있다.

따라서 "회사의 성장을 위한 자본금의 조달"과 "기존 주주의 비례적 이익보호"라는 두 가지 상충되는 이해관계를 잘 조절할 필요가 있다. 우리 상법에서는 신주를 발행할 경우 주주에게 우선 배정함으로써 주주의 비례적 이익을 지킬 기회를 부여하되, 특별히 재무구조의 개선이나 신기술의 도입 등 회사의 경영목적상 필요할 경우에는 예외적으로 제3자에게도 신주를 발행할 수 있도록 함으로써 양자간의 조화를 도모하고 있다. 그런데 위와 같은 경영상 목적에는 지배권 이전 목적도 포함된다고 볼 수 있을까? 삼성특검 판결은 주주의 신주인수권을 형해화시킨 두 건의 신주발행으로 삼성그룹의 지배권이 오너 3세에게 이전된 사건에 대한 사법적 판단이다.

삼성특검 판결

2008년경 우리 사회를 떠들썩하게 만들었던 삼성특검 사건에서는 삼성그룹의 지배권 이전(3세 상속)을 위한 두 건의 신주발행이 사법심사의 대상이 되었다. 삼성에버랜드의 전환사채 발행 및 삼성SDS의 신주인수권부사채 발행이 그것이다. 발행에 관여한 임원들이 업무상 배임죄로 기소되었다. 삼성그룹의 3세들에게 헐값으로 전환사채 및 신주인수권부사채를 발행하여 회사에 손해를 입혔다는 것이다. 당시 삼성그룹의 3세들은 삼성에버랜드와 삼성SDS의 주주가 아닌 제3자였는데, 위 전환사채와 신주인수권부사채를 인수함으로써 결국 삼성그룹의 지배권을 차지하게 되었다. 판결문에 기재된 사실관계에 기초하여 당시 상황을 좀 더 자세히 들여다 보자.

삼성에버랜드는 1996. 10. 30. 이사회를 열어 무기명식 전환사채의 발행을 결의하였다. 전환사채의 총액은 약 99억원, 자금의 무죄!

전환사채 발행

3%   97%

나머지 주주
인수 포기

CJ 제일제당

(주주)   (발행가격과 무관)   제3자(오너 3세)

유죄!

삼성SDS

신주인수권부사채 발행

100%

(불공정한 가격)

제3자(오너 3세)

사용목적은 시설자금, 사채의 배정방식은 주주에게 우선 배정하되 실권시에는 이사회의 결의에 의하여 제3자에게 배정, 주식으로의 전환가액은 1주당 7,700원이었다. 당시 전환사채를 배정받은 주주들 중 제일제당(현재의 CJ 그룹)만이 그 지분비율(2.94%)에 따른 인수청약을 하였고, 나머지 주주들(97.06%)은 모두 인수포기를 하였다. 이에 삼성에버랜드는 이사회를 개최하여 주주들이 실권한 전환사채를 삼성그룹의 3세들에게 배정하는 결의를 하였고, 이들은 같은 날 인수청약 및 대금납입을 완료하였다. 그 후 3세들은 전환권을 행사하여 삼성에버랜드의 대주주가 되었다. 당시 삼성에버랜드는 긴급하고 돌발적인 자금조달의 필요성은 없었다. 여기서 중요한 점은 삼성그룹 내에서 삼성에버랜드의 지위이다. 삼성에버랜드는 삼성생명의 지배주주이고, 삼성생명은 삼성전자의 지배주주이다. 그러므로 삼성에버랜드를 갖게 되면 삼성그룹 전체를 지배할 수 있게 된다. 삼성에버랜드는 나중에 제일모직과 합병되고, 제일모직은 삼성물산과 합병되어, 현재는 삼성물산이 삼성그룹의 실질적인 지주회사 역할을 하고 있다.

한편 삼성SDS는 이 사건 신주인수권부사채 발행 전 발행주식총수 1,200만주, 액면가는 5,000원, 자본금은 600억원인 회사였다. 삼성SDS는 1999. 2. 25. 이사회를 개최하고, 총액 230억원의 분리형 사모 신주인수권부사채를 제3자 배정 방식으로 발행할 것을 결의하였다. 자금의 사용목적은 사업자금 및 회사채 상환을 위한 자금 마련 명목이었으나, 당시 긴급하고 돌발적인 자금조달의 필요성은 없었다. 그리고 신주인수권의 행사가격은 1주당 7,150원이었다. 삼성SDS는 다음 날 230억원의 신주인수권부사채를 발행하고, SK증권이 이를 총액 인수하여, 사채권과 신주인수권증권으로 분리하였다. 그 후 분리된 사채권은 SK증권으로부터 중간 인수자인 삼성증권을 거쳐 삼성그룹의 3세 등 6명에게 양도되고, 신주인수권증권은 SK증권으로부터 직접 위 6명에게 양도되었다. 그리고 위 6명은 신주인수권을 행사하여 삼성SDS의 최대주주가 되었다. 삼성SDS는 2014년 한국거래소에 상장되어 위 6명은 막대한 자본차익(capital gain)을 누리게 되었다.

주주배정 방식이냐 제3자배정 방식이냐

이와 같이 삼성에버랜드의 전환사채와 삼성SDS의 신주인수권 부사채 발행 목적 및 경위는 매우 유사하다. 이들이 모두 삼성그룹의 3세들에게 인수되어 삼성그룹의 지배권 및 자본차익이 넘어가게 되었다는 점에서도 공통점을 갖는다. 그러나 결정적인 차이가 하나 있다. 삼성에버랜드의 전환사채는 주주배정 방식으로 발행되었다가 기존 주주들이 대부분 실권한 후 그 실권된 전환사채를 3세들이 인수하였다. 반면에 삼성SDS 신주인수권부사채는 처음부터 제3자 배정 방식으로 발행되었다.

얼핏 보기에 그다지 중요해 보이지 않는 이 절차상의 차이 하나가 배임죄의 판단에 있어서 운명을 갈랐다. 삼성특검 당시 선고된 대법원 전원합의체 판결에서는 주주배정 방식으로 발행된 삼성에버랜드 전환사채의 경우 무죄를 선고하였다. 비록 헐값 발행(당시 삼성에버랜드 주식 1주당 순자산가치는 223,659원이었는데, 전환가액은 7,700원이었다)이기는 하지만 회사에 손해가 있다고 할 수 없고, 따라서 배임이 되지 않는다는 것이었다. 그 이유는 주주배정의 경우는 반드시 발행가액을 시가에 의하여야 하는 것은 아니고, 주주 전체의 이익과 회사의 자금 조달의 필요성과 급박성을 감안하여 경영판단에 따라 자유로이 그 발행조건을 정할 수 있기 때문이라는 것이다.

반면에 위 대법원 판결에서 삼성SDS 신주인수권부사채는 제3자 배정 방식으로 발행되었기 때문에 유죄가 선고되었다. 주주배정과 달리 신주 등의 제3자에 대한 헐값 발행은 회사에 손해가 되고 따라서 이를 결정한 임원들은 배임죄의 책임을 져야 한다는 논리였다. 제3자에게 헐값으로 신주 등을 발행하면 주식의 공정한 가치와 비교해 볼 때 그 차이에 해당하는 만큼 회사의 자산을 증가시키지 못한 결과가 되어 회사에 손해라는 것이다. 위 사건의 파기환송심에서 서울고등법원은 삼성SDS 주식의 당시 적정가격을 1주당 14,230원으로 보았으니, 신주인수권 행사가격인 7,150원과의 차액만큼이 회사의 손해인 셈이다.

이와 같이 두 회사 발행 사채들에 대한 사법적 판단은 유죄와 무죄로 갈리었다. 그리고 그 차이는 주주의 신주인수권을 존중했느냐 아니었느냐였다. 삼성에버랜드의 경우는 주주배정 방식이었기 때문에 그 발행 목적이 정당한지, 발행가격이 공정한지는 따져 볼 필요가 없었다. 그러나 삼성SDS의 경우는 제3자 배정 방식이었기 때문에 발행목적이 정당한지, 발행가격은 공정한지를 따져 보아야 했고, 그 결과 배임죄에 해당한다는 판결을 받게 되었다. 이러한 대법원 판결은 일응 법논리적으로는 수긍이 간다. 하지만 지나친 형식논리라는 비판을 받는다. 한국의 기업현실 때문이다. 신주 발행시 우선 주주배정을 해 놓고 그룹 회장의 지시로 주주들에게 전부 실권을 시키는 것이 가능한 한국 기업경영의 현실은 반영되지 않았다. 법과 현실의 괴리를 보여주는 또 하나의 사례이다.

Chapter 4

회사기회유용과 현대자동차 사례

• • •

주식회사의 이사는 개인의 이익보다 회사의 이익을 우선할 충실의무를 부담한다. 회사기회유용 금지는 이사의 충실의무를 강조하기 위해 2011년 상법 개정시 도입된 제도 중 하나이다. 하지만 현대자동차 사례에서 보듯이 우리나라의 법원은 아직 회사기회유용 금지를 비롯한 이사의 충실의무를 적용함에 있어 매우 소극적인 것이 현실이다.

주식회사의 이사는 회사의 영업과 재산을 관리하는 지위에 있다. 자연히 회사의 이익을 가로챌 수 있는 기회를 많이 가지고 있다. 그러므로 이를 그냥 방치한다면 이사는 이사 본인 혹은 지배주주의 이익을 위해서 회사 또는 소수주주의 이익을 희생시킬 가능성이 높다. 상법에서는 이러한 결과를 방지하기 위하여 이사는 이해관계 충돌(conflict of interest) 상황에서 항상 회사 또는 주주 전체의 이익을 우선하도록 하고 있다. 이를 "이사의 충실의무"(duty of loyalty)라고 부른다.

이사의 충실의무

이사의 충실의무는 매우 광범위한 내용을 담고 있다. 몇 가지 예를 들어 보도록 하자. 이사는 회사와 부당하게 경쟁하거나 회사의 인력, 시설, 자금을 자신의 이익을 위해서 유용해서는 안 된다. 이 글에서 설명할 회사기회유용 금지의무도 이로부터 파생된다. 또한 이사들의 보수가 과다하거나 불공정하게 책정되어서도 안 된다. 일부 주주에게만 보수 형식으로 이익을 부여해 주는 것도 역시 충실의무 위반이다. 자본시장법에서 명문으로 금지하고 있는 내부자 거래(insider trading) 역시 내부정보를 이용하여 증권거래를 함으로써 부당하게 이익을 얻는 행위로서 이사의 충실의무 위반행위로 본다. 이와 같이 이사가 자신의 지위를 불공정하게 이용하는 행위는 모두 충실의무 위반으로 포섭된다.

대규모 기업에서 지배주주(회장) 일가가 가족경영을 하고 있는 한국적 현실에서 지배주주 및 이사의 소수주주에 대한 공정의무(fairness to minority shareholders)는 충실의무의 하나로서 특히 중요하다. 지배주주와 그 지시를 받는 이사가 지배권을 강화하거나 이익을 독점할 목적으로 신주발행, 이익배분 등에 있어서 소수주주를 차별하거나 배제하는 행위는 모두 충실의무 위반이 된다. 나아가 경영권 분쟁 상황, 예컨대 지배주주와 소수주주 간에 주주총회에서 대립이 있을 때 이사가 공정한 중립을 지키지 않고 지배주주의 편을 드는 것 역시 충실의무 위반이다. 회사의 합병, 분할 등을 진행함에 있어서 지배주주의 이익을 강화하는 방식으로 합병비율을 불공정하게 정하거나 지배주주에게 이익이 되는 사업을 몰아

주는 방식으로 분할하는 것도 역시 충실의무 위반이 된다.

회사기회유용 금지의 법리

우리나라의 사법 현실은 아직 이사의 충실의무를 윤리적인 선언 규정 정도로만 생각하고, 그 적용 및 집행에 있어서 대단히 소극적이다. 이러한 현실에 대한 반성 및 개선책으로 지난 2011년 상법 개정시 도입된 제도 중 하나가 바로 회사기회유용 금지 제도이다. 이 제도는 미국 판례법에서 이사의 충실의무 중 하나로 요구되는 회사기회유용금지 법리(usurpation of corporate opportunity doctrine)를 본받아 만든 것이다. 이는 이사 등 회사의 경영자는 회사에 속하는 영업기회를 자신의 기회로 만들어서는 안 된다는 원칙으로서, 이에 위배하여 이사가 얻은 이익은 전부 박탈하여 회사에 귀속시키는 것을 내용으로 한다. 미국의 판례상 이 원칙이 적용되는 상황은 이사가 이용한 기회가 회사의 영업영역 내(in the line of business)에 있을 때이다. 영업영역 내에 있다고 함은, 문제된 거래에 관하여 회사가 그 기회를 이용할 능력과 경험이 있고, 이를 이용하는 것이 회사에 이익이 되는 경우를 말한다.

우리나라에서 이 제도를 도입할 당시 국회 법사위 검토보고서를 보면, 현대차 그룹의 계열사인 현대 글로비스(이하 "글로비스"라 한다)와 SK그룹의 계열사인 SK C&C 사례를 예로 들면서 이와 같은 사례를 방지하는데 입법의 목적이 있다고 하였다. 전자는 현대차 그룹의 지배주주가 글로비스라는 물류회사를 만들어 현대차 그룹의 물류업무를 독점함으로써 큰 이익을 본 사례이고, 후자는 SK그룹의 지배주주가 SK C&C라는 시스템통합(SI) 회사를 통하여 비슷한 방법으로 회사의 이익을 키운 사례이다. 이 중 글로비스 사례를 좀 더 분석해 보자.

현대자동차와 글로비스 사례

글로비스는 2001년 2월 현대자동차 그룹 내의 물류업무를 담당할 목적으로 설립된 물류 전문업체이다. 설립 당시 글로비스의 지분은 정몽구 회장이 40%, 그의 장남인 정의선 부회장이 60%를 보유하였다. 현대자동차 그룹의 다른 계열사들은 물류사업 경험이 전혀 없던 글로비스에게 소위 "물량 몰아주기 거래"를 하였는데, 2001년 3월부터 2004년 6월까지 거래 규모는 합계 5,687억원에 달하였다. 공정거래위원회는 이러한 물량 몰아주기 거래를 공정거래법에서 금지하는 부당지원행위로 보고, 2007년 10월 현대자동차에 507억원의 과징금을 부과하였다. 현대자동차는 2007년 11월 공정거래위원회를 상대로 서울고등법원에 위 처분의 취소를 구하는 행정소송을 제기하였으나 패소하였다. 경제개혁연대 등 현대자동차의 소수주주들은 이러한 일련의 과정에서 현대자동차의 이사들이 충실의무를 위반하고 회사기회를 유용하였다는 이유로, 2008년 현대자동차의 회장과 사장 등 이사들에 대하여 1조 900억원의 손해배상을 구하는 주주대표소송을 제기하였다. 주주대표소송이란 회사의 주주들이 회사를 대신하여, 회사에 손해를

끼친 이사들을 상대로 제기하는 소송을 말한다.

　이 사건의 쟁점은 다음 두 가지였다. 첫째는 현대자동차의 이사인 정몽구 회장 등이 현대자동차의 회사기회를 유용하였는지 여부이고, 둘째는 정 회장 등이 부당지원행위를 지시함으로써 과징금 상당의 손해를 회사에 입혔는지 여부이다. 법원은 이 중 두번째 쟁점에 대하여는 정 회장 등의 책임을 인정하였다. 그러나, 첫번째 쟁점, 즉 정 회장 등이 회사기회를 유용하였다는 주장에 대해서는 이를 인정하지 않았다.

　회사기회 유용에 관한 원고들의 논리는 다음과 같다. "글로비스가 수행하는 운송 내지 물류 업무는 각 계열사들의 제조활동과 밀접한 관련성을 가진 업무이다. 그런데, ① 현대자동차 그룹 소속 계열사들이 통합물류회사인 글로비스를 설립하기 위한 사전 준비 작업을 해 온 사실이 있었고, ② 통합물류회사를 만들 경우 막대한 이득이 기대되며, ③ 물류업무는 현대자동차의 업무상 중요한 사업영역이고, ④ 당시 현대자동차로서는 충분한 재정적 여력이 있었으므로, 글로비스의 물류사업은 현대자동차의 사업기회에 해당한다. 그리고 피고 정몽구 회장 부자는 스스로 글로비스 지분을 취득하는 거래를 비밀리에 실행하였는바, 이는 현대자동차의 사업기회를 박탈한 회사기회 유용행위에 해당한다."

하지만 법원의 판단은 이와 달랐다. 2011년 2월 선고된 서울중앙지법의 판시 요지는 다음과 같다. "사업기회란 포괄적이고 불명확한 표현이고, 회사기회 유용으로 이사에게 책임을 묻기 위해서는 그 사업의 기회가 회사에 현존하는 현실적이고 구체적인 사업기회라야 할 것이다. 예를 들면 회사 내에서 사업의 추진에 대한 구체적인 논의가 있었던 경우라든가 회사가 유리한 조건으로 사업기회를 제안 받은 경우 등이다. 이러한 해석 기준에서 보면, 글로비스의 설립이 현대자동차에게 현존하는 현실적이고 구체적인 사업기회라는 점을 인정하기에 부족하다. 따라서 이에 관한 원고의 청구를 기각한다."

결국 법원은 정 회장 등이 회사기회를 유용하였다는 점은 인정하지 않고, 단지 글로비스에 대한 부당지원행위를 지시함으로써 공정거래위원회 과징금 상당의 손해를 입혔다는 점만을 인정하였다. 그리고 정 회장에 대하여 회사에게 826억원의 손해를 배상하라는 판결을 내렸다. 이 판결에 대해서는 원, 피고 쌍방이 항소를 포기하여 그대로 확정되었다. 나아가 정몽구 회장은 경제개혁연대와 사이에, 정몽구 회장의 글로비스 보유 지분 18.11%를 현대자동차에게 매각하기로 약속함으로써 사건이 정치적으로 종결되었다.

향후 과제

위 사례는 우리나라에서 회사기회유용 법리를 해석 적용한 최초의 사례이자 유일한 사례이다. 법원은 회사기회의 의미를 해석함에 있어 "현존하는 현실적이고 구체적인 사업기회"여야 한다고 선언함으로써, 미국과 달리 그 범위를 대단히 좁게 보았다. 우리나라에서 아직 선례가 없는 사건에 있어서 보수적인 법원이 과감하게 적용범위를 확대할 수는 없었으리라는 점은 충분히 이해된다. 그러나 이와 같이 이사의 충실의무 적용에 소극적이어서는 지배주주와 그 지시를 받는 이사에 의한 회사의 부(富)의 이전을 막을 수 없게 된다. 위 현대자동차 사례에서 경제개혁연대가 주장한 회사의 손해액은 1조원이 넘었고, 공정거래위원회가 추산한 부당지원 액수만도 1,400억원이었다. 하지만 법원은 단지 826억원의 손해배상만을 명하였다. 그 나머지 이익은 과연 어디로 갔을까? 법원이 이사의 충실의무를 소극적으로 적용하는 한 회사라는 법인격을 이용한 부의 분배는 왜곡될 수밖에 없다. 미국에서 왜 이사의 충실의무가 특히 강조되고 법원에 의하여 광범위하고 엄격하게 적용되는지 우리나라 법원도 한 번쯤 생각해 볼 일이다.

Chapter 5

다시 들여다보는 삼성물산 합병 과정

• • •

지난 2015년 7월에 진행된 삼성물산과 제일모직 간의 합병이 다시 문제가 되고 있다. 최순실 특검에서는 삼성물산의 단일 최대주주인 국민연금이 합병결의에 찬성하게 된 배경에 대하여 조사하였다. 합병비율과 합병시기, 합병목적 등에서 문제는 없었는지, 삼성물산의 이사들은 충실의무를 제대로 이행한 것인지, 이로 인한 주주들의 손해는 없었는지 법적으로 다시 한 번 분석해 볼 필요가 있다.

2015. 7. 17. 삼성그룹의 핵심계열사인 삼성물산과 제일모직에서는 각각 주주총회를 열고 두 회사의 합병결의안을 통과시켰다. 당시 제일모직의 경우는 삼성 내부 지분율이 높아서 주주총회 결의 통과에 아무 지장이 없었지만 삼성물산의 경우는 달랐다. 외국인 주주와 기관투자자들의 동의 없이는 주주총회에서 필요한 3분의 2 이상의 찬성이 쉽지 않은 상황이었다. 더구나 삼성물산의 외국계 대주주 중 하나인 엘리엇 매니지먼트(이하 "엘리엇"이라 한다)라는 헷지펀드는 공개적으로 합병에 반대하였다. 삼성그룹의 지배권을 이재용 부회장에게 넘겨 주기 위하여 삼성물산의 소수주주들을 희생시키는 불공정한 합병이라는 주장이었다. 엘리엇은 가처분 소송 등 법적인 조치까지 취하였다.

삼성 측에서 합병을 원한 이유는 누가 보아도 이재용 부회장에 대한 경영권의 승계를 완성하기 위한 것이었다. 이재용 부회장은 삼성에버랜드가 발행한 전환사채를 인수한 후 이를 주식으로 전환하여 삼성에버랜드의 최대주주가 되었다. 그리고 자연스럽게 그 자회사인 삼성생명까지도 지배하게 되었다. 그 후 삼성에버랜드는 상장회사인 제일모직과 합병함으로써 상장회사가 되었다. 마지막으로 제일모직과 삼성물산이 합병함으로써 이재용 부회장은 통합 삼성물산의 최대주주가 되고, 그럼으로써 삼성생명과 삼성물산이 대주주인 삼성전자까지도 확실하게 지배할 수 있게 된 순간 엘리엇이 딴지를 걸고 나온 것이다.

　삼성 측에서는 다급해졌다. 삼성물산의 임직원들이 개인투자자들을 찾아다니며 합병에 찬성해 줄 것을 부탁하고 다니고, 여러 미디어 매체에 합병을 지지해 줄 것을 호소하는 광고를 실었다. 그리고 검찰 수사를 통하여 밝혀진 바와 같이 이재용 부회장은 합병 주총을 앞두고 삼성물산의 단일 최대주주인 국민연금의 기금운용본부장을 만났다. 이 자리에서 합병에 찬성해 달라는 모종의 부탁과 뒷거래가 있었을 것이라는 의혹이 제기되었다. 그리고 그 후 실제로 국민연금은 삼성물산의 주주총회에서 합병에 찬성하였다. 반면에 국민연금의 이러한 합병 찬성으로 국민연금은 막대한 평가손실을 입었다는 분석이 나온다.

합병 찬성으로 국민연금에 막대한 평가손실 발생

합병 당시 적용된 합병비율은 1 대 0.35였다. 즉 1주당 주식가치의 비율을 제일모직 1, 삼성물산 0.35로 본 것이다. 삼성물산의 주식가치가 저평가되었고, 그럼으로써 삼성물산의 주주들이 피해를 보았다는 것이다. 세계 최대의 의결권 자문기구인 ISS가 산정한 적정 합병비율인 1 대 1.21을 적용하는 경우 국민연금의 손해는 약 6,157억원에 이르게 된다. 시민단체 '내가 만드는 복지국가'의 홍순탁 공인회계사의 발표에 따르면, 국민연금 내부에서 전망한 적정 합병비율 1 대 0.46을 기준으로 할 경우 손실 추정액은 1,233억원, 합병비율을 1 대 1로 할 경우 손실액은 5,178억원에 달하는 것으로 추정된다. 여기에서 법적으로 두 가지 의문이 제기된다. 첫째, 과연 합병비율은 적정한 것인가? 둘째, 합병을 추진한 삼성물산의 임원들은 회사 및 주주들에 대한 충실의무를 준수한 것인가?

합병비율의 불공정성 논란

우선 합병비율에 대하여 한 번 살펴보자. 엘리엇이 제기한 가처분 소송에서 법원은 합병비율 1 대 0.35가 적법하다고 하였다. 즉 자본시장법에서 정한 합병비율의 계산방식(합병 시점을 기준으로 최근 1개월간 평균종가, 최근 1주일간 평균종가, 최근일의 종가를 산술평균한 가액을 토대로 합병비율을 정하도록 하고 있다)에 부합하므로 적법하다는 것이다. 그러나 합병비율이 적법하다는 것과 합병비율이 적정하다는 것은 차원이 다른 문제이다. 합병을 추진하는 회사의 임원 입장에서는 법률상 합병비율이 문제가 없더라도 그것이 자기 회사 주주들에게 불리하다면 다시 한 번 생각해 보아야 한다. 상장회사의 주가는 계속 변동하는 것이므로 굳이 주식의 가치가 저평가되었을 때를 택하여 합병을 추진할 이유가 없다. 이는 고스란히 주주들의 피해로 귀결된다. 실제로 삼성물산의 합병 당시 주가는 삼성물산의 장부상 자산가치에도 못 미치는 수준이었다고 한다.

한편 미국이나 일본 등 선진국에서는 우리나라와 달리 합병비율을 법으로 규정하고 있지 않다. 합병을 추진하는 양 당사자 회사의 임원들이 교섭을 통하여 자기 회사 주주들에게 가장 유리한 합

병비율을 협상하도록 하고 있고, 이렇게 하지 않을 경우 임원들의 충실의무 위반이 된다. 우리나라로 치면 배임죄에 해당하는 것이다. 반면에 우리나라에서는 상장회사의 경우 자본시장법으로 합병비율을 산정하는 방식을 못박아 놓았다. 협상의 여지가 없는 것이다. 이렇게 해 놓은 입법취지는 아이러니컬하게도 소수주주를 보호하기 위한 것이다. 아무런 규제가 없을 경우 대주주가 자기 입맛대로 합병비율을 정함으로써 소수주주의 이익을 침해할 것이라는 우려 때문이다.

하지만 삼성물산 합병 과정에서 여실히 드러났듯이 이러한 합병비율 법정 제도는 오히려 대주주의 이익을 위하여 소수주주의 이익을 침해할 수 있음이 드러났다. 회사의 경영진은 필요에 따라 호재성 혹은 악재성 공시를 하거나 혹은 경영실적을 의도적으로 변동시킴으로써 어느 정도 합법적으로 주가를 움직일 수 있다. 만약 경영진이 대주주의 이익을 위하여 이와 같이 한다면, 그리고 그렇게 해서 형성된 부적정한 주가를 바탕으로 합병을 추진한다면 이는 적법하기는 하지만 적정하지는 않은, 부당한 처사이다. 임원의 충실의무 위반이 될 수도 있고, 경우에 따라서는 배임죄에 해당할 수도 있다.

불공정한 합병을 추진한 이사들에게도 배임 문제 발생

이사는 전체 주주의 이익을 위하여 경영을 해야 한다는 것은 우리나라의 확립된 판례이다. 대주주 등 특정인의 이익을 위하여만 경영을 할 경우에는 배임이 된다. 삼성물산의 경우를 보자. 결과적으로 삼성물산의 합병은 이재용 부회장에게 가장 이익이 되었다. 그런데 합병 당시 이재용 부회장은 삼성그룹의 총수이기는 했지만 삼성물산의 주주가 아니었다. 삼성물산의 주주는 대주주인 국민연금, 엘리엇 등을 비롯한 다수의 소액주주들이었다. 삼성물산의 경우 순자산가치에도 미달하는 주식시장에서의 시가 총액을 기준으로 합병비율을 정하였는데, 이러한 결정으로 인하여 삼성물산의 주주들은 명백히 손해를 보았다. 합병비율 자체는 법을 위반한 것이 없지만, 실질적으로 부당한 비율의 합병이었던 것이다. 이러한 합병비율에 따른 합병의 추진은 "삼성물산 전체 주주의 이익"이라는 관점에서 볼 때 주주들의 손해를 가져오게 되고, 따라서 이사의 주주에 대한 충실의무를 위반하였다고 해석될 여지가 있다. 더구나 본건 합병은 결과적으로 삼성물산의 지배주주를 국민연금이나 엘리엇 같은 기관투자자들로부터 이재용 부회장으로 바꾸는 결과가 되었다. 이러한 지배권의 변동(change of control) 상황에서는 특히 이사의 충실의무가 더욱 문제될 수 있다는 것이 미국의 판례이다.

지배권 변동 상황에서는 공정성이 특히 중요

엘리엇은 가처분 소송에서 합병비율의 부당함을 주장하였으나 받아들여지지 않았다. 왜냐하면 현행 재판실무는 합병비율의 불공정성을 이유로 합병의 무효를 주장하는 주주 측에서 합병비율의 불공정성을 입증해야 하기 때문이다. 그러나 본건과 같이 지배주주(혹은 이재용 부회장과 같은 외부의 제3자)와 소수주주 간의 이해관계가 상충하는 경우에는 오히려 회사 측에서 합병비율의 공정성을 입증하도록 할 필요가 있다. 이는 미국 판례의 원칙이다. 미국 와인버거(Weinberger) 판결에서 채택한 "전적인 공정성(entire fairness)" 기준은 이러한 원칙을 밝히고 있다. 즉 이해관계 상충 상황에서는 회사 측에서 합병절차 및 합병비율이 절차적으로나 실체적으로나 전적으로 공정하다는 점을 입증해야 하며, 그렇지 못할 경우에는 이사의 충실의무 위반이 된다는 것이다.

이 사건은 현재도 진행형이다. 특검과 검찰에서 수사를 하고 있고 어떻게 결론이 날지는 모른다. 하지만 삼성물산 합병 자체의 사법적 효력이 부인될 가능성은 거의 없을 것이다. 또한 이재용 부회장의 삼성그룹에 대한 지배권에도 아무런 영향이 없을 것이다. 그럼에도 불구하고 삼성그룹에 대한 국내외적 평판(reputation)의 하락은 면할 길이 없다. 참고로 현재 삼성물산 합병무효 소송이 진행되고 있지만 가처분 사건 재판에서 이미 보았듯이 합병이 무효로 판단받을 가능성은 거의 없다고 본다. 우리나라 사법부가 채택하고 있는 입증책임 원칙 때문이다. 따라서 국민연금 등 삼성물산 주주들의 손해는 회복할 길이 요원하다. 만약 판례가 변경될 수 없다면 이러한 사태의 재발을 막기 위한 입법적인 해결도 고민해 보아야 할 때이다.

Chapter 6

상법개정안과 기업경영권 논란

• • •

20대 국회에 계류중인 상법 개정안에 대한 논란이 뜨겁다. 기업지배구조를 획기적으로 개선할 것이라는 찬성론자들도 있고, 반면에 기업의 경영권을 침탈하고 외국 투기자본만 배부르게 할 것이라는 반대론자들의 비판도 만만치 않다. 상법 개정안에 담긴 관련 제도들의 내용을 좀 더 자세히 살펴보고, 예상되는 파급효과에 대하여 한 번 생각해 보자.

제20대 국회 개원 후 상법 개정안이 논란이다. 그 대부분이 주식회사의 이사에 관한 것으로 제19대 국회 때 발의되었다가 자동폐기된 것들이다. 제20대 국회에서도 경제민주화를 화두로 기업지배구조에 제한을 가하는 상법 개정안들이 발의되어 심의가 진행되고 있다. 당장 법 적용을 받아야 하는 기업들 및 경제계에서는 상법 개정안의 내용이 경영의 자율성을 침해하고, 외국 투기자본의 적대적 M&A 위협으로부터 경영권을 방어하기 어렵게 될 것이라고 비판을 가하고 있다. 하지만 시민단체와 야당 등 개혁론자들은 상법 개정안으로 인하여 기업지배구조가 개선되고 경영의 투명성이 강화되어 기업의 경쟁력을 높이게 될 것이라고 긍정적 의견을 내고 있다. 이 안들의 주요 내용은 다중대표소송, 집중투표제, 감사위원회에 관한 것이다. 하나씩 좀 더 자세히 살펴보자.

다중대표소송

대표소송이란 회사의 이사가 회사에 손해를 입히면 회사가 그이사를 상대로 손해배상청구를 하여야 하는데, 회사가 이를 제기하지 않을 때에 주주가 나서서 회사를 대신하여 제기하는 손해배상청구소송을 말한다. 이사의 책임 추궁을 위한 소 제기는 원래회사의 권리이다. 당연히 회사를 대표하는 자(대표이사)가 수행해야 할 일이다. 그러나 동료 임원들간에 책임 추궁을 기피할 수도있고, 책임 추궁이 지연될 경우 소멸시효가 완성되거나 이사의 고의적인 재산 도피로 권리실현이 불가능해 질 수도 있다. 이는 결국 회사의 손해로 귀결되므로, 회사의 주인인 주주가 직접 나설수 있도록 한 것이다. 이는 미국법에서 유래한 것인데, 현재 우리상법에도 이 제도가 마련되어 있다. 그동안 삼성전자, LG화학, 현대자동차, 한화 등의 유수 기업에서 주로 시민단체의 주도로 주주대표소송이 제기된 바 있다. 대표소송은 회사 전체를 위한 소송이므로, 그 판결의 효과는 주주가 아니라 회사에 직접 귀속된다.

상법 개정안은 주주들에게 이 제도를 더 쉽게 이용할 수 있도록해 주려는 것이다. 그 중에는 모회사의 주주에게 자회사의 이사를상대로 이 소송을 제기할 길을 열어주자는 것도 들어 있다. 이러한 소송을 다중대표소송이라 한다. 미국에서는 오래 전부터 판례에 의하여 이를 인정하여 왔다. 그러나 우리나라에서는 당해 회사가 아닌 모회사의 주주가 자회사의 주주를 상대로 대표소송을 제기하는 것은 법인격 분리의 원칙에도 어긋나고 성문법상의 근거가 없으므로 허용되지 않는다는 것이 대법원 판례의 태도이다. 상법 개정안이 통과되면 다중대표소송에 대한 성문법상의 근거가 생기는 셈이다.

다중대표소송의 실제 적용 모습

다중대표소송은 어떠한 경우에 실익이 있을까? 예를 들어 우리나라의 금융지주회사들은 대부분 상장되어 소수주주들이 존재하지만, 그 자회사인 은행은 금융지주회사의 100% 자회사인 까닭에 소수주주가 존재하지 않는다. 그런데 은행의 이사가 부실 대출 등으로 은행에 손해를 입혔을 때 은행 자신이 이사를 상대로 손해배상청구를 하거나 은행의 주주인 금융지주회사가 주주대표소송을 제기하지 않으면, 금융지주회사의 소수주주들은 비위를 저지른 이사를 상대로 책임을 추궁할 방법이 없다. 다중대표소송은 이러한 경우에 모회사인 금융지주회사의 일반 소수주주들이 은행의 이사를 상대로 직접 주주대표소송을 제기할 길을 열어준다는 데 의미가 있다.

집중투표제

집중투표제란 주주총회에서 복수의 이사를 선임할 때에 소수주주들에게도 그들이 내세운 이사를 이사회에 넣을 길을 열어주려는 제도이다. 예를 들어 3인의 이사를 선임하려는 경우 첫번째와

두번째 이사 선임시 의결권을 아꼈다가 세번째 이사 선임 시 3배의 의결권을 행사할 수 있게 하는 것이다. 이는 이사 선임에 있어 1주에 대해 선임하고자 하는 이사의 수에 상당하는 복수의 의결권을 부여함으로써 가능하다.

상법상 이사의 선임을 위한 주주총회의 결의는 이사 한 사람에 대해 한번씩 이루어진다. 따라서 통상적인 방법대로라면 몇 명의 이사를 선임하든 과반수의 결의를 지배할 수 있는 대주주가 이사 전원을 자신이 추천하는 후보로 선임할 수 있다. 집중투표제는 이같이 이사 전원이 대주주에 의해 독점되는 것을 견제하는 방법이다. 집중투표제 역시 미국에서 발달한 제도로서, 마치 국회의원 선거에서의 비례대표제와도 같은 취지를 담고 있다. 이 제도 역시 현재 상법에 규정되어 있지만, 집중투표제를 원하지 않는 회사는

정관에 집중투표제를 허용하지 않는다는 규정을 둠으로써 이를 배제할 수 있다. 상법 개정안은 일정 규모 이상의 상장회사에 대하여 이러한 정관의 규정에 의한 집중투표제 배제를 못하도록 하고 있다. 즉 집중투표제를 강제하는 것이다.

감사위원 선임시 대주주의 의결권 제한

현행 상법상 감사를 선임할 때는 아무리 대주주라 하더라도 그 의결권이 발행주식 총수의 3% 이하로 제한된다. 이와 같은 제한을 둔 이유는 감사의 선임시에 대주주의 영향력을 억제하여 감사의 독립성 및 중립성을 보장하기 위해서이다. 심지어 정관으로 이 비율을 더 낮출 수도 있다.

그런데, 주식회사는 정관에 의하여 감사를 두지 않고 감사위원회 제도를 채택할 수도 있다. 감사위원회를 두는 경우 감사는 둘 수 없다. 감사위원회 제도는 미국의 제도를 본받아 도입된 것이다. 미국에서는 우리나라의 감사와 같이 이사회에 병렬하는 감사기구를 두지 않고, 이사회 내부에 주로 회계를 통제하는 기구로서 검사인(auditor)을 두거나 감사위원회(audit committee)를 두고 있다. 현행 상법은 미국의 감사위원회처럼 이사회 내부에 감사위원회를 두어서 감사와 같은 권한을 행사할 수 있게 하고 있다. 감사위원회는 3인 이상의 이사로 구성하되, 그 중 사외이사가 3분의 2 이상이 되어야 한다.

상법 개정안은 감사위원이 될 사외이사의 선임 의안과 그 밖의 이사 선임 의안을 주주총회에 별개의 의안으로 상정하도록 하자는 것이다. 현재는 감사위원이 될 이사 선임과 그 밖의 이사 선임을 함께 하므로 그 선임시 대주주도 의결권 행사에 제한을 받지 않는다. 그리고 그와 같이 선임된 이사들 중에서 나중에 이사회가 감사위원을 선임한다. 개정안은 감사위원이 될 사외이사의 선임 의안을 별개의 의안으로 상정하여 그 이사 선임시 대주주의 의결권 행사를 감사 선임시처럼 3% 이하로 제한하자는 것이다. 감사위원회 역시 감사나 마찬가지로 독립성과 중립성이 보장되어야 하므로, 일반 이사처럼 대주주의 영향력이 강하게 미치도록 하여서는 안 된다는 것이 입법취지이다.

상법 개정안의 기대효과 혹은 부작용

이와 같은 상법 개정안에 대하여 비판적인 의견을 제시하는 쪽에서는 이 개정안이 소액주주에게 특혜를 주려는 것일 뿐, 경제민주화와는 무관하다고 한다. 그러면서 이러한 개정안이 통과되면 외국 투기자본이 그들이 내세운 이사를 이사회에 넣어 회사를 흔들게 되고, 결국 적대적 M&A가 일어나거나 적어도 외국 투기자본만을 배불려 주는 결과가 될 것이라고 걱정한다.

반면에 상법 개정안을 지지하는 측에서는 이러한 재계의 우려는 기우에 불과하며 기업들이 공포를 팔고 있다고 반박하고 있다. 과거 증권관련 집단소송제도가 도입될 때에도 기업들은 남소(濫訴)로 인하여 기업경영이 엉망이 될 것이라고 주장하였으나, 오히려 제도가 도입된지 10년이 넘도록 집단소송은 고작 10여 건 남짓 제기되었을 뿐이라고 실증적 근거도 제시하고 있다. 그리고 이러한 상법 개정안이야말로 재벌 경영의 폐해를 불식하고 기업지배구조를 한층 개선하여 기업의 궁극적 경쟁력을 높일 것이라고 주장한다.

　이와 같이 많은 논란이 있는 상법 개정안이 실제로 국회를 통과할 수 있을지는 미지수이다. 국회가 모쪼록 솔로몬의 지혜를 보여주기를 기대한다.

Chapter 7

비상장주식 가치평가와 한화 S&C 사례

• • •

비상장주식은 거래소에서의 시가가 없는 주식이다. 그 가치를 정당하게 평가하기 위하여 실무적으로는 현금흐름할인법이나 델라웨어 블록 방식 등이 사용된다. 한화 S&C 사례에서는 현금흐름할인법을 사용한 치열한 법적 공방이 전개된 바 있다.

비상장주식은 거래소에 상장되지 않은 주식이다. 시장에서 거래되지 않고, 따라서 시가라는 것도 없다. 그렇다면 거래소에서의 시가가 없는 비상장주식은 어떻게 가격을 매겨서 거래가 이루어질까? 이는 비상장주식의 가치평가(valuation)의 문제이다.

평가목적에 따른 다양한 비상장주식 가치평가 방법이 존재함

가장 기본이 되는 것은 세법에 의한 평가방법이다. 비상장주식이라도 엄연히 가치가 있는 것이고, 이를 상속하거나 증여할 경우에는 세금을 매겨야 한다. 그러므로 상속세 및 증여세법(이하 "상증세법"이라 한다)에서는 시가가 없는 비상장주식을 위한 보충적 평가방법을 마련해 두고 있다. 이는 국가의 과세목적을 달성하기 위한 수단으로 규정된 것이다. 이 방법을 이용할 경우 과거의 순손익가치와 순자산가치를 각각 3과 2의 비율로 가중평균하여 기계적으로 주식의 가치를 산정하게 된다.

이 방법에 의할 경우 항상 일정한 주식의 가치를 구할 수 있다는 장점이 있다. 그러므로 주식의 가치를 입증해서 세금을 자진납부하여야 할 납세자의 입장에서는 매우 편리한 방법이다. 하지만 이 방법은 기업의 미래가치를 전혀 반영하지 못한다. 따라서 급속도로 성장하는 기업의 경우에는 실제 시장에서의 가치보다 훨씬 저평가된다는 약점이 있다.

두번째는 현금흐름할인법(discounted cash flow method, DCF법)이다. 주식의 가치는 의결권과 현금흐름권의 가치의 총합이라는 전제 하에, 주식으로부터 나오는 미래의 현금흐름(배당금이 이에 해당할 것이다)을 현재가치로 환가하여 주식의 가치를 산정한다. M&A 등 기업을 사고 팔 때 이 방식을 많이 활용하는데, 기업의 가치는 결국 그 기업이 미래에 벌어들일 수 있는 현금이기 때문이다.

이론적으로는 현금흐름할인법이 우수하다는 평가를 받는다. 그러므로 거래 당사자 사이에 대등한 협상력을 가진 경우(이른바 arm's length negotiation의 경우)에는 이 방법이 특히 기업의 가치를 정확하게 예측하는데 유용하게 쓰일 수 있다. 그러나 이 방법은 치명적인 약점이 있다. 평가자가 미래현금흐름 예상액이나 현재가치 할인율 등을 자의적으로 정할 경우, 평가자의 의도대로 주식

가치를 조작하는 것이 가능하기 때문이다. 따라서 엄격한 법적 책임을 물어야 하는 형사재판에서는 거의 사용되지 않는다.

마지막으로 중요한 방법은 델라웨어 블록 방식(Delaware Block Approach)이다. 이는 미국 델라웨어 주 법원에 의하여 채택된 데에서 그 이름의 유래를 찾을 수 있는데, 기본적으로 기업의 자산가치, 수익가치, 시장가치의 세 요소를 적절히 가중평균하여 주식가치를 평가하는 방식이다.

연원에서 알 수 있듯이 이 방법은 법원이 선호하는 방식이다. 과거 기업들은 경영권승계나 기업지배구조 재편을 위한 계열사간 또는 특수관계인간의 비상장주식 거래시 상증세법에 의한 보충적 평가방법을 간편하다는 이유로 많이 사용하였다. 그러나 1990년대 말 이후 검찰과 법원은 업무상 배임죄 등의 사건에서 상증세법에 의한 평가방법은 기업의 실제 가치를 적절히 반영하지 못한다는 이유로 배척하고, 대신에 델라웨어 블록 방식으로 주식의 가치를 산정하기 시작하였다. SK그룹의 워커힐 주식, 삼성그룹의 삼성SDS 신주인수권부사채, LG그룹의 LG석유화학 주식 등이 대표적 사례이다.

그렇다면 자산가치, 수익가치, 시장가치의 세 요소를 가중평균함에 있어서 어떤 비율을 사용하여야 할까? 대법원 판례((대법원 2006. 11. 24 자 2004마1022 결정)에 따르면 시장가치, 자산가치, 수익가치 등을 반영함에 있어 당해 회사의 상황이나 업종의 특성 등을 고려하여 평가요소를 반영하는 비율을 각각 다르게 해야 한다고 한다.

이러한 법리에 따라 보통은 공장, 시설 등 실물 자산을 많이 가지고 있는 장치산업(석유화학산업, 철강산업 등)의 경우에는 자산가치의 비중을 높이고, 소프트웨어나 기술 등 무형의 수익구조를 가지고 있는 IT산업의 경우에는 수익가치의 비중을 높이는 것이 보통이다.

실제로 삼성종합화학의 주식가치를 평가한 삼성전자 주주대표소송에서는 자산가치만 가지고 주식의 가치를 평가하였으며, 반면에 삼성SDS 신주인수권부사채의 가치를 평가한 삼성특검 판결에서는 자산가치 대 수익가치의 비율을 2:3으로 가져갔다.

한화 S&C 사례에서는 회사와 검찰, 법원이 모두 다르게 평가

주목할 만한 사례는 한화그룹 김승연 회장 등이 업무상 배임죄로 기소되었던 한화 S&C 사례이다. 이 사건에서는 비상장주식인 한화 S&C의 주식가치를 평가함에 있어 현금흐름할인법을 적용하여 치열한 법적 공방을 벌였고, 그 과정에서 삼일회계법인은 4,614원을, 검찰은 229,903원을, 법원은 27,517원을 각각 한화 S&C 주식의 가치로 평가하였다.

한화 S&C㈜는 2001. 3. 29. 한화그룹 내 컴퓨터 시스템 통합 자문 및 구축 서비스업 등을 주된 목적으로 설립된 비상장회사이다. 2005. 1. 기준으로 김승연 회장이 한화 S&C 주식의 33.33%(20만주), ㈜한화가 66.67%(40만주)의 지분을 소유하고 있었다. 그런데, 2005. 6. 17. 김승연 회장의 장남인 김동관에게 ㈜한화 보유 주식

40만주 전량을 주당 5,100원, 총 20억 4천만원에 매각하기로 이사회에서 의결하였다.

한화그룹에서 밝힌 주식매각 사유는 다음과 같다. 한화 S&C의 재무구조 개선 및 신사업 투자를 위한 재원 확보를 위해 증자가 필요하나, 기존 대주주인 ㈜한화는 추가 출자의 여력이 없기 때문에 다른 투자자가 필요하고, 그룹 전산 시스템의 보안 문제 때문에 그룹 내부의 인물인 김동관에게 대주주 지위를 양도하는 것이 적합하다는 것이다.

당시 한화 S&C 주식에 대한 1주당 평가액은 액면가 5,000원, 상증세법에 따른 평가방법 517원, 현금흐름할인법에 따른 삼일회계법인의 평가액 4,614원이었다. 그러나 검찰은 이러한 평가금액이 지나치게 저평가되어 업무상 배임죄에 해당한다고 보았는데, 검찰 자체적으로 계산한 평가액은 229,903원이었다.

그리하여 서울서부지검은 2011. 1. 30. 김승연 회장 등을 특정경제범죄 가중처벌 등에 관한 법률 위반(업무상 배임)죄로 기소하였다. 공소사실은 김승연 회장 등이 한화 S&C 주식 저가 매각을 통해 ㈜한화에게 899억원 상당의 손해를 입혔다는 것이었다.

이 사건에서는 ㈜한화가 주식을 매각할 정당한 사유가 있었는지, 주식 매각 가격은 적정하였는지, ㈜한화의 이사들은 상당한 주의를 기울여 공정하게 한화 S&C 주식 매각을 결정하였는지 등이 주요 쟁점으로 심리되었다.

그런데 법원은 1심부터 대법원까지 모두 무죄를 선고하였다. 그 이유는 주식의 매각목적은 편법적 경영승계를 위한 것으로서 정

당하다고 보기 어렵지만, 당시 이사회에서 결정된 매도가격인 주당 5,100원이 합리적 의심의 여지가 없이 낮은 가격이라고 볼 증거가 없다는 것이었다.

한편 동일한 쟁점으로 이사들의 책임을 묻기 위한 민사소송인 주주대표소송이 제기되었다. 경제개혁연대는 2010. 5. 19. 김승연 회장 등을 상대로 서울중앙지방법원에 손해배상 청구금액을 894억 원으로 하는 주주대표소송을 제기하였다. 여기에 대해서는 2013. 10. 31. 원고 일부 승소 판결이 선고되었는데, 한화의 이사들이 경영권 승계 목적으로 주식을 저가에 양도한 사실 및 이사의 주의의무 위반 책임이 인정되었다. 법원은 역시 현금흐름할인법을 적용하여 한화 S&C 주식을 주당 27,517원으로 평가하고, 이에 따라 배상금액을 적정주가와 실제 양도가액의 차액인 89억 6천만원으로 인정하였다.

그러나 항소심 및 상고심에서 이 판결은 유지되지 못하였다. 서울고등법원은 2015. 11. 11. 원고청구 기각 판결을 선고하였고, 이는 2017. 9. 12. 대법원에서 확정되었다. 서울고등법원과 대법원은 다음과 같이 판시하였다.

먼저 주식가치에 관하여, 한화 소유의 주식을 김 회장 장남에게 매각할 당시 회계법인에서 주식 가치를 다소 잘못 평가했지만, 그 과정이나 결과가 부당하다고 볼 수는 없고, 따라서 현저하게 낮은 가격으로 주식을 팔았다고 볼 수 없다는 것이다.

그리고 거래의 목적에 대해서는 김승연 회장의 장남에게 주식을 매매하는 것이 재무구조 개선에 해당하지 않는다고 볼 수 없으므로 위법한 주식거래였다는 주장은 받아들일 수 없다는 것이다. 마지막으로, 이사의 임무 해태 여부에 대해서는 이사회에서 충분히 판단한 이상 한화의 이사들이 임무를 게을리했다고 볼 수 없다 하였다.

이와 같이 우여곡절 끝에 결국 한화그룹은 민사소송과 형사소송에서 모두 최종적으로 승소한 셈이 되었다. 실무를 하는 입장에서는 비상장주식의 가치를 어떻게 평가하여야 법률적으로 안전한지 질문을 많이 받게 된다. 그러나 위에서 본 바와 같이 여기에 대해서는 법원조차도 일관된 정답을 제시하지 않고 있다. 해결해야 할 과제 중의 하나이다.

Chapter 8

M&A와 이행보증금

. . .

M&A 과정에서는 양해각서 체결 이후 실사를 진행하기에 앞서 본계약의 체결을 강제하기 위해 이행보증금 약정을 두는 경우가 있다. 종래 이행보증금을 위약벌로 규정하고 매수희망자가 본계약 체결을 거부할 경우에는 이를 전액 몰수하는 관행이 있었으나, 최근 대법원 판결에 의하여 이러한 관행을 재검토할 필요가 생겼다.

M&A(기업인수합병) 중에는 상대방 경영진의 의사에 반하여 주주총회에서의 표 대결 등 적대적 수단을 통하여 기업을 인수하는 적대적 M&A도 있지만 그리 흔한 일은 아니다. 우리나라에서는 과거 미도파 사례, 레이크사이드 골프클럽 사례 등 몇몇 사례만이 존재할 뿐이다.

업계에서는 이러한 적대적 M&A보다는 상대방 경영진과의 우호적인 협의 하에 주식매매계약을 체결하고 주식대금을 지불함으로써 기업을 인수하는 우호적 M&A가 보다 일반적이다. 우호적 M&A는 보통 다음과 같은 과정을 거쳐 완성된다.

잠재적 매물/인수자 모색 → 제안요청서(RFP: Request for Proposal) 발송 → 의향서(LOI: Letter of Intent) 제출 → 우선협상대상자 선정 → 양해각서(MOU: Memorandum of Understanding) 체결 → 실사(Due Diligence) 진행 → 계약조건 협상 진행 → 본계약 체결 → 선행조건(CP: Condition Precedent) 이행 → 이행완결(Closing) → 인수합병 이후의 통합작업(Post M&A) → 자금회수(Exit)

본계약 체결을 강제하기 위한 이행보증금 약정

그런데 종종 양해각서 체결 이후 실사를 하기 전에 매수자로 하여금 이행보증금(위약금)을 납부하도록 하는 사례가 나타난다. 특히 매수자에 비하여 매도자의 협상력이 우월한 매도자 중심의 M&A에서 그러하다. 우리나라에서도 산업은행을 비롯한 금융기관이 보유하고 있는 기업매물을 처분하는 과정에서 이행보증금을 납부하도록 하는 사례들이 있었다. 이행보증금은 통상적으로 매매예정가액의 5% 정도를 매수희망자로 하여금 미리 납부하도록 하여 사실상 본계약 체결을 강제하도록 하는 효과가 있다. 만약 매수희망자가 그의 책임있는 사유로 본계약을 체결하지 않으면 기납부한 이행보증금은 매도인에게 귀속된다. 따라서 매수희망자는 이행보증금을 날리지 않기 위해서라도 본계약을 체결할 수밖에 없게 되는 것이다.

이행보증금 5%는 작은 금액 같지만, 기업의 덩치가 큰 경우에는 만만치 않은 액수가 된다. 산업은행이 2008년 매각을 시도하였던 대우조선해양의 경우 한화 컨소시엄의 매수예정가가 6조 3,000억원이었고, 이행보증금은 3,150억원이었다. 또한 2010년 진행된 현대건설 M&A에서 우선협상대상자로 지정되었던 현대상선 컨소시엄의 매수예정가는 5조 5,100억원, 이행보증금은 2,755억원이었다. 이와 같이 몇 조 단위의 메가 딜(Mega Deal)이 진행될 경우에는 이행보증금의 액수도 몇 천 억원에 이르게 되어 쉽게 포기할 수 있는 금액이 아니다.

이행보증금 약정을 위약벌로 규정할 경우에는 더욱 강력한 효과 발생

한편 M&A 과정에서 이행보증금(위약금)을 약정할 경우에는 계약서상으로 그 법적 성질을 위약벌로 규정하는 것이 일반적이다. 민법상 매매계약에서 위약금을 약정할 경우 그 법적 성질은 "손해배상액의 예정"인 경우가 있고 "위약벌"인 경우가 있다.

손해배상액의 예정이란, 매매계약의 상대방이 계약을 위반하는 경우 그로 인하여 반대 당사자가 입게 될 손해의 액수를 나중에 증명하는 것이 번거롭거나 어려울 수 있으므로 미리 그 금액을 예정해 놓고, 만약 어느 일방이라도 계약을 위반하게 되면 위약금 액수만큼 손해가 발생한 것으로 간주하여 그 금액만큼 배상하도록 정한 것이다. 반면에 위약벌이란, 매매계약의 일방이 계약을 위반하는 경우 실제 발생한 손해액의 배상과는 관계 없이(또는 손해배상에 더하여) 계약위반에 대한 일종의 벌(penalty)로서 그 금액만큼을 몰취하도록 정한 것이다.

우리 판례상 "손해배상액의 예정"과 "위약벌"은 그 효과에 있어서 큰 차이가 있다. 위약금을 손해배상액의 예정으로 볼 경우에는 법원이 그 금액이 적정한 수준인지를 판단하여 만약 그 금액이 과도하게 크다면 법원의 재량으로 적정 수준으로 감액하는 것이 언제든지 가능하다. 그러나 만약 위약벌로 해석된다면 그러한 위약벌 약정이 공서양속에 반하는 경우에만 제한적으로 그 전부 또는 일부를 무효로 하는 것이 가능할 뿐 법원이 재량으로 이를 감액할 수는 없다. 공서양속에 반한다는 것은 예컨대, 자본주의 시장경제 질서에 어긋난다든지 혹은 범죄로 볼 수 있을 만큼 위법해야 하는 것이므로, 이를 이유로 무효로 될 가능성은 거의 없다고 보아야 한다. 따라서 M&A 과정에서 이행보증금을 약정할 경우 우월한 협상력을 가진 매도자 측에서는 감액될 가능성이 거의 없는 위약벌로 규정하기를 선호하게 되는 것이다.

대우조선해양 사건에서 대법원은 위약벌의 범위 제한

이러한 M&A 과정에서 이행보증금 약정의 성질 및 효력에 관하여 최근 주목할 만한 대법원 판결이 선고되었다(대법원 2016. 7. 14. 선고 2012다65973 판결). 이 판결은 유명한 대우조선해양 M&A 사건과 관련된 판결이다. 이 판결에서 대법원은, 당사자들이 양해각서상 위약벌로 명시한 이행보증금에 대하여 그 문언에 관계없이 이를 손해배상액의 예정으로 보아야 하고, 따라서 법원이 여러 사정을 종합하여 재량으로 감액할 수 있다는 취지로 선고하였다. 이러한

대법원의 해석은 앞으로 M&A 업계의 관행에 커다란 영향을 미칠 것으로 보이는바, 간략하게 사실관계 및 판결의 의미를 살펴 본다.

산업은행이 주관한 대우조선해양 매각 딜에서 우선협상대상자로 선정된 한화 컨소시엄은 2008년 11월 14일 산업은행과 사이에 양해각서를 체결하였다. 그리고 11월 19일 매매대금의 5%인 3,150억원의 이행보증금을 납부하였다. 양해각서에 따른 본계약은 2008년 12월 29일에 체결하기로 하였다. 그런데 그 무렵 미국에서 시작된 전세계적인 금융위기의 여파로 한화 컨소시엄은 대우조선해양 인수자금 조달에 큰 어려움을 겪게 되었다.

2008년 12월 26일 한화 컨소시엄은 산업은행에 계약체결시기 연기 및 잔금납부방법 변경을 요청하였다. 주요 요청사항은 첫째, 인수대금 잔금지급 조건을 완화해 줄 것, 둘째, 본계약 체결 이전에 확인실사가 가능하도록 할 것이었다. 노조 또한 중요한 변수였

다. 한화는 양해각서 체결 이후 대우조선해양을 실사할 계획이었
으나, 대우조선해양 노동조합의 강한 반발에 부딪혀서 실사가 불
가능하였다. 이러한 상태에서 산업은행과 한화는 계약조건의 일
부 변경 등을 협의하였으나 결국 결렬되고, 산업은행은 2009년
1월 22일 양해각서를 해제하고 매도인의 권리로서 이행보증금
3,150억원을 몰취하였다.

한화 컨소시엄은 이에 반발하여 2009년 6월 이행보증금 반환청
구에 대한 민사조정을 신청하였으나 2009년 11월 20일 조정이 불
성립되었다. 그 후 서울중앙지방법원에서의 제1심 소송에서는
2011년 2월 10일 한화측 패소 판결이 선고되었다. 제1심 판결 이유
에 따르면 한화 컨소시엄은 정당한 이유 없이 최종계약 체결시점인
2008년 12월 29일까지 계약 체결을 거부함으로써 양해각서를 위반
하였으므로 산업은행의 이행보증금 몰취는 정당하다는 것이었다.
나아가 제1심 법원은 이행보증금의 성질에 관하여 이를 당사자가
합의한 대로 위약벌로 보아야 하고, 그 액수가 3,150억원이나 되지
만 그러한 이유만으로 그 약정이 공서양속에 반한다고 볼 수는 없
다고 판결하였다. 제1심 판결은 서울고등법원의 항소심에서도 그
대로 유지되었다. 이러한 하급심 판결의 태도는 대우조선해양이
상장회사로서 국책은행인 산업은행의 엄격한 관리를 받고 있었으
므로 재무제표를 신뢰할 만하고 따라서 실사를 진행하지 못하더라
도 본계약을 체결함에 부당함이 없다는 판단이 내포되어 있었다.

그러나 대법원은 원심 판결을 파기 환송하면서 다음과 같이 판
시하였다. 이 사건 이행보증금은 그 명칭 여하에 관계 없이 그 법

적 성질을 손해배상액의 예정으로 보아야 하고, 3,150억원에 이르는 이행보증금 전액을 몰취하는 것은 부당하게 과다하므로 법원이 재량으로 감액할 수 있다는 것이었다. 대법원에 따르면 이 사건 이행보증금은 매도인인 산업은행이 일방적으로 정한 것으로서 우선협상대상자가 되기를 원하는 한화측에서 이의를 제기할 수 있는 상황이 아니었으므로 문언 그대로 위약벌로 해석할 수 없다는 것이었다. 대법원이 이러한 판단을 하게 된 배경에는 때마침 터진 대우조선해양 분식회계 사건도 일정 부분 기여한 바 있을 것으로 생각된다. 그 무렵 대우조선해양이 산업은행의 관리 하에서도 수 년간 분식회계를 통하여 엄청난 규모의 부실을 감추어 온 사실이 드러났다. 그럼으로써 하급심 판결의 기초가 되었던 재무제표의 신뢰성이 크게 훼손되었고, 따라서 실사를 진행하지 못한 한화 측에도 참작할 만한 사유가 생겼던 것이다.

향후 M&A 업계에 큰 파장 예상

이 판결은 향후 M&A 업계에 큰 파장을 몰고 올 것으로 예상된다. 특히 거액의 이행보증금을 약정할 경우 그 법적 성질을 계약서에 위약벌로 명시하고 당사자가 그와 같이 합의하더라도 법원은 이에 구애 받지 않고 그 법적 성질을 손해배상액의 예정이라고 새길 수 있다는 점을 선언한 점에서 그러하다. 앞으로 M&A 업무에 종사하는 변호사들로서는 이행보증금 약정을 보다 확실하게 설계해야 하는 과제를 떠안게 된 셈이다.

Chapter 9

LBO와 배임죄

• • •

LBO는 기업을 인수·합병(M&A)할 때 인수할 기업의 자산이나 향후 현금흐름을 담보로 은행 등 금융기관에서 돈을 빌려 기업을 인수하는 M&A 기법의 하나이다. 인수자가 만약 이 과정에서 타겟 회사에 손해를 입힐 경우 배임죄로 형사처벌받을 위험성이 있다.

실현될 가능성이 높아 보이지는 않지만, 최근 박삼구 금호아시아나그룹 회장이 금호타이어의 인수방식으로 "합병형 LBO(차입매수)" 방식을 활용할 수도 있다는 언론보도가 나왔다. 박삼구 회장은 산업은행 등 채권단에 대하여 금호타이어의 주식을 우선적으로 매수할 수 있는 청구권을 보유하고 있는 것으로 알려져 있다.

LBO란 차입금을 이용한 M&A 기법의 하나

여기서 LBO란 Leveraged Buyout의 약자로서, 기업을 인수·합병(M&A)할 때 인수할 기업의 자산이나 향후 현금흐름을 담보로 은행 등 금융기관에서 돈을 빌려 기업을 인수하는 M&A 기법의 하나이다. 따라서 적은 자기자본으로도 큰 기업의 매수가 가능하다. 금호타이어의 매각대상 지분인 42.01%를 인수하는 데 소요되는 자금은 약 1조원에 이른다.

경제적 관점에서 볼 때 LBO는 거액의 차입을 수반하기 때문에 기업매수 후 자기자본비율이 낮아지고 부채비율이 높아진다. 따라서 종래 구조라면 투자자가 투자수익을 배당금의 형태로 찾아가서 그에 대한 소득세만큼 정부에 세금을 납부하였을 것을, 채무변제 형태로 찾아가도록 바꿈으로써 손금 산입을 받아 세금을 절약하고 이를 주주에게 귀속시켜 투자수익률(ROE)을 높인다는 것이 거래의 핵심이다. 이러한 재무적 장점이 있는 반면에 높은 부채비율로 인하여 신용리스크가 급격히 커진다는 단점도 불가피하다. 이 때문에 LBO의 주요 자금조달수단인 정크본드는 발행수익률이 높으며, 금융기관의 LBO 대출금리도 프라임 레이트를 상회하는 고금리가 적용되는 것이 일반적이다.

법적 관점에서 보면 LBO는 인수인이 인수대상 회사(이하 "타겟"이라 한다)를 인수함에 있어 그 인수자금 조달을 위하여 타겟의 자산을 활용한다는 것이 기본 개념이다. 여기서 '자산을 활용한다'는 의미는 인수인이 인수자금 조달을 위하여 타겟의 자산을 담보로 제공하거나(담보제공형 LBO), 인수인의 채무변제 부담을 합병 등의 형태(이익배당, 유상감자 등의 수단을 포함한다)로 타겟이 직접 인수하는 형태(합병형)를 말한다. 박삼구 회장은 이 중 합병형 LBO를 추진할 가능성이 있다는 것이다. 즉 박 회장이 지배하는 특수목적법인(SPC)이 금호타이어 지분을 담보로 돈을 빌리고, 나중에 SPC가

금호타이어와 합병한 후 내부자금으로 대출을 갚는 구조가 거론되고 있다.

방법은 다음과 같다. 박 회장으로부터 우선매수청구권을 넘겨받은 SPC가 금호타이어 지분 42.01%를 담보로 은행으로부터 거액의 대출을 받는다. SPC는 이후 금호타이어와 합병을 한다. 이 경우 SPC가 금호타이어를 인수하기 위해 받은 대출까지 금호타이어의 부채로 잡힌다. 금호타이어가 갚아야 하는 차입금으로 바뀌는 구조다.

이러한 방법은 과거 동양그룹이 SPC(동양메이저산업)를 세우고 한일합섬을 인수했을 때 사용한 방법이다. 또한 사모펀드인 어피니티에쿼티파트너스도 하이마트를 사들이고서 이 같은 방법을 활용해 차입금 부담을 하이마트에 지운 바 있다. 그런데 이러한 과거 LBO 사례들에 대해서는 그 거래를 주도한 인수인(신규 주주)과 타겟의 이사들이 배임죄로 기소되어 형사재판을 받았다. 그 이유가 무엇일까?

타겟에 손해를 입힐 경우 LBO 당사자들이 배임죄로 처벌됨

위에서 본 바와 같이 LBO는 타겟의 재무상태표 중 대변(finance), 즉 자본과 부채의 재무구조를 바꾸는 특수성이 있다. 이때문에 LBO는 인수인(신규 주주)과 기존 주주, 그리고 채권자 사이에 발생하는 이해관계의 충돌(conflict of interest)이 본질이고, 이를 잘 조정하지 못하였을 때 배임죄의 법적 책임이 발생한다. 즉 이 부분과 관련하여 이사의 선관주의의무(충실의무)를 위반하였을 때에는 배임죄가 적용되는 것이다.

우리나라의 법원 판례는 회사의 이사가 "회사"라고 하는 독립된 법인격을 가진 실체에 대하여 충실의무를 지는 것으로 해석하고 있다. 이는 이사가 개별 "주주"에 대해서는 충실의무를 부담하지 않는다는 뜻이다. 또한 배임죄의 구성요건인 "손해"의 발생 여부를 따질 때에도 독립된 법인격을 가진 회사 그 자체의 경제적 손해가 있었는지만 판단한다. 이 말 역시 각 주주의 경제적 손해 여부는 보지 않는다는 뜻이다. 이와 같이 독립된 법인격을 가진 회사의 이익만 고려할 것인지, 아니면 회사는 껍데기로 보고 그 안에 있는 실질적인 이해당사자인 주주의 이익을 고려할 것인지 하는 구별은 지배주주 및 이와 이해관계가 충돌하는 소수주주가 있을 때 구별의 실익이 더욱 분명해 진다. 회사라고 하는 법인격을 중시하는 법원의 위와 같은 해석기준에 따를 경우 소수주주 보호가 미흡해짐은 분명하다.

담보제공형 LBO는 금지되는 것이 원칙

어쨌든 법원의 이러한 전통적인 해석원칙에 따르면, 회사의 주주에 대한, 또는 주주를 위한, 담보제공을 골자로 하는 담보제공형 LBO는 금지되는 것이 원칙이다. 왜냐하면 주주에 대한 이익공여는 주주에 대한 출자환급의 실질을 가지고 있는데, 배당이나 감자 등 법에 정해진 정형화된 방법 이외의 출자환급은 허용되지 않기 때문이다. 따라서 법정 방법 이외의 방법으로 주주에게 담보를 제공하는 담보제공형 LBO는 회사에 담보제공에 따른 적정한 반대급부가 제공되지 않는 한 회사라고 하는 법인격을 가진 실체에 손해를 입힌 행위가 되고, 따라서 형법상 배임죄가 성립한다. 이러한 원칙을 우리나라에서 최초로 선언한 판결이 신한 LBO 사례이다.

신한 LBO 사례

특수목적회사(SPC)인 인수인(에스앤드케이)은, 회사정리절차가 진행중이던 타겟(신한)을 인수할 자금 마련을 위해 금융기관들로부터 670억원을 차입하였다. 이 때 추후 인수가 완료되면 타겟의 자산(부동산 및 예금)을 담보로 제공하기로 약정하고 타겟의 주식을 66.2% 인수한 뒤, 위 약정에 따라 타겟의 자산 및 인수한 신주를 금융기관들에게 담보로 제공하였다. 대법원은 이러한 담보제공 행위가 타겟의 자산을 담보로 제공하고 그에 상응하는 반대급부를 제공받지 않았기 때문에 타겟 대표이사의 업무상 배임이라는 취지로 판시하였다(대법원 2006. 11. 9. 선고 2004도7027 판결). 이는 LBO를 진행한 당사자에게 배임죄를 적용하여 형사처벌한 우리나라 최초의 사례로서, 당시 M&A업계 종사자들에게 큰 충격을 주었다.

경영자   소수주주

합병형 LBO에 대해서는 무죄 선고

이와 달리 법원의 전통적 해석원칙에 따르면 합병형 LBO는 원칙적으로 허용된다. 합병 같은 자본거래는 회사라는 독립적인 법인격 측면에서 손해 개념을 찾기 어렵기 때문이다. 법인격 레벨에서 합병은 인격합일의 덧셈 거래이므로, 순자산이 마이너스인 결손법인과의 합병만 아니면, 원칙적으로 법인격의 손해는 상정하기 어렵다. 늘어날 순자산도 미리 정해져 있고, 합병비율은 단지 순자산가액을 어떻게 평가하여 주주들 간에 어떻게 배분할 것인지를 정하는 문제이기 때문에, 이는 주주들간의 문제일 뿐, 독립된 법인격을 가진 회사의 문제가 아니다. 따라서 설사 합병비율에 문제가 있다 하더라도 이는 개별 주주의 손해일 뿐 회사의 손해와는 무관하며, 따라서 이사의 선관주의의무로 보호해야 할 "손해"

의 문제에도 포함되지 않는다. 결국 위 기준에 의할 경우 합병절차나 규정만 지키면 합병형 LBO는 특별한 문제 없이 모두 허용되어야 논리적이다. 이 과정에서 지배주주가 합병형 LBO를 주도할 경우 소수주주의 이익과 타겟의 이익이 침해될 가능성이 높아지지만, 이는 현재 판례의 태도에 따를 경우 보호의 사각지대이다. 그리고 이러한 기준에 따라 내려진 최초의 판결은 지금은 해산된 동양그룹이 주도한 한일합섬 LBO 사례이다.

한일합섬 LBO 사례

인수인(동양메이저)은 회사정리절차 중인 타겟(한일합섬)을 인수하기 위하여 그 계열사와 함께 약 1,000억원을 출자하여 SPC(동양메이저산업)를 설립하고, SPC는 인수자금 조달을 위하여 금융기관으로부터 4,667억원을 대출받았다. SPC는 이와 같이 조달한 자금으로 2007년 한일합섬의 주식 56.62%(계열사가 함께 인수한 주식까지 합하면 62.9%)를 약 5,000억원에 인수하였다. 그 이후 2008년 2월 SPC가 인수인에게 흡수·합병되었고, 2008년 5월에 인수인은 타겟을 흡수·합병하였다. 합병 이후 존속법인인 인수인은 타겟의 인수를 위해 차입한 2,600억원을 상환할 때 타겟이 보유하고 있던 현금 1,800억원을 사용하였다. 검찰은 현재현 동양그룹 회장 등 인수인의 임원들을 타겟에 손해를 가하였다는 이유로 배임죄로 기소하였으나, 법원은 무죄를 선고하였다(대법원 2010. 4. 15. 선고 2009도6634 판결). 무죄 이유는, 이 사건의 경우 자산을 직접 담보로 제공하고 기업을 인수하는 방식과는 다르고, 합병의 실질이나 절차에 하자가 없으므로, 한일합섬이 손해를 입었다고 볼 수 없다는 것이었다.

한일합섬 LBO 사례에서 타겟의 일반주주들(소액주주만 4,325명에 이른다)의 이익은 합병 과정에서 제대로 보호되지 못하였다. 인수인은 상장회사라는 이유로 주가가 고평가되었고, 타겟은 비상장 회사인데다가 현금성 자산만 들고 있었을 뿐 별다른 영업이 없다보니 주가가 저평가될 수밖에 없었기 때문이다. 하지만 법원은 합병의 절차와 규정을 준수한 이상 LBO를 주도한 인수인(타겟의 지배주주이기도 하다)을 처벌할 수 없다고 보았다. 이는 부당한 결론이다. 그러나 법원이 손해의 개념을 파악할 때, 경제적·실질적 당사자인 소수주주의 이익 침해 여부를 보지 않고, 법인격을 가진 형식적 당사자인 회사의 이익 차원으로만 접근하는 이상, 이러한 부당한 결론은 결코 시정될 수 없다. 판례 변경이 필요한 이유이다.

Chapter 10

적대적 M&A와 가처분 소송의 활용

• • •

적대적 M&A 혹은 경영권분쟁 상황에서 반대측 당사자보다 우월한 위치를 선점하고 목표 달성을 하기 위해서는 회사법상 인정되는 각종 가처분 제도를 잘 활용하는 것이 매우 중요하다.

적대적 M&A란 회사 경영진의 의사에 반하여 그 회사의 지배권을 강제적으로 가져오는 방식의 M&A를 의미한다. 따라서 이는 원칙적으로 주주총회에서 다수 의결권을 확보해야 가능하다. 우리나라에서는 적대적 M&A가 일어나거나 시도된 사례가 별로 없다. 과거 미도파, 레이크사이드 골프클럽, 현대엘리베이터 등 손에 꼽을 정도의 사례만이 있을 뿐이다. 그러나 최종적인 인수합병이나 경영권의 이전까지는 가지 않더라도 1대 주주와 2대 주주, 혹은 소수주주 사이에 경영권 분쟁이 생기는 경우는 심심치 않게 목격된다. 최근 삼성물산과 제일모직 간의 합병 건에서 삼성물산의 외국인 주주인 엘리엇 매니지먼트가 합병에 반대하면서 다른 주주들을 규합하여 삼성 측에 대항한 것은 대표적인 사례라 할 수 있다. 이러한 경영권 분쟁도 넓은 의미에서 보면 적대적 M&A의 범위에 속한다 할 수 있을 것이다.

우월한 위치를 선점하기 위한 가처분 소송의 활용

그런데 경영권 분쟁 사례들을 보면 거의 예외 없이 법원의 소송을 이용하고 있는 것을 알 수 있다. 위에서 예로 든 삼성물산 대 엘리엇 사례에서도, 엘리엇 측은 법원에 주주총회 소집·결의 금지 가처분 및 자사주 매각금지 가처분 소송을 동시에 제기한 바 있다. 이와 같이 적대적 M&A 혹은 경영권 분쟁을 진행하면서 소송을 제기하는 것은 법원의 힘을 빌려 일거에 상대방의 힘을 무력화하고 자기의 공격력 혹은 방어력을 높이고자 하는 데 그 목적이 있다. 그리고 이와 같은 소송제도를 이용함에 있어서도 본안소송보다는 가처분 소송을 훨씬 더 선호하고 있으며, 실질적으로 가처분 소송이 본안소송을 대체하는 수단으로 활용되고 있다. 이를 '가처분의 본안화'라고 한다.

경영권 분쟁 관련 가처분의 종류로는, 상대방 보유 주식에 대한 의결권 제한을 구하는 가처분, 상대방의 신주발행을 막기 위한 가처분, 상대방측 이사의 직무를 정지시키고 견제하기 위한 가처분, 회사 및 상대방측 이사에 대한 정보취득 목적의 가처분 등이 있다. 이 중 대표적인 가처분 몇 가지에 대해서 간략히 살펴보도록 하자.

정식 권리구제 절차인 본안소송보다도 임시적 권리구제 절차인 가처분 소송에 의하여 당사자간의 분쟁의 승패가 사실상 결정되어 버리는 경향을 말한다.

예를 들어 법원에서 어느 한 쪽 분쟁 당사자의 주주총회 의결권을 제한하면 그 당사자는 법률적으로 본안소송을 제기하여 의결권을 회복할 수 있지만, 본안판결이 확정될 때까지 최소 1년 이상의 시간이 걸릴 수 있다. 따라서 그 사이에 상대방이 자신에게 유리한 방향으로 회사의 지배구조를 바꾸어 버리거나 주식의 제3자 배정 방식으로 우호지분율을 높이는 경우, 막상 본안소송에서 승소하더라도 이전의 상태로 되돌리는 데 상당한 어려움이 따른다.

따라서 경영권 분쟁시 본안소송만 제기하는 경우는 거의 없고, 대부분 본안소송 전에 제기하는 간편하고 신속한 권리구제 절차인 가처분 소송에 의하여 경영권의 향방이 결정되어 버리고 만다.

주주총회결의금지 가처분 및 의결권행사금지 가처분

먼저 주주총회결의금지 가처분이다. 이 가처분은 삼성물산 합병 사례에서 엘리엇 측이 활용한 바 있다. 당시 엘리엇 측에서는 삼성물산과 제일모직 간의 합병비율이 공정하지 못하여 법령을 위반하였다거나 혹은 합병목적이 지배주주(이재용 부회장)의 개인적인 이익만을 위한 것이므로 부당하다는 등의 주장을 하면서 주주총회결의를 금지해 줄 것을 청구하였으나 법원으로부터 기각당한 바 있다. 이 가처분은 주주총회의 결의대상인 어느 특정 안건

(예컨대, 합병 안건)의 내용이 법령이나 정관에 위배되어 결의의 무효 또는 취소사유에 해당하는 경우, 사후적으로 주주총회결의 무효 혹은 취소 소송을 제기하기에 앞서 사전 예방조치로서 해당 안건의 결의를 금지해 줄 것을 청구하는 가처분이다. 한편 이미 주주총회의 결의가 이루어졌다면 그 결의의 효력을 정지하기 위한 주주총회결의 효력정지 가처분을 제기할 수 있다.

다음으로는 의결권행사금지 가처분을 들 수 있다. 경영권 분쟁과 관련된 주주총회를 앞두고 반대편 당사자가 보유한 주식에는 법령, 정관 또는 약정상 의결권제한 사유가 있다고 주장하면서 이 가처분을 제기할 수 있다. 이러한 의결권행사금지 가처분 신청은 분쟁 상대방의 의결권을 제한하여 주주총회에서 신청인의 의도대로 안건이 통과될 수 있도록 하기 위한 목적을 가지고 있다.

신주발행금지 가처분

신주발행금지 혹은 신주와 동일한 효과를 가진 증권[전환사채 (CB) 혹은 신주인수권부사채(BW) 등을 말한다]의 발행금지를 구하는 가처분도 종종 볼 수 있다. 신주 혹은 CB나 BW의 발행은 발행하는 측의 우호지분을 확대하고 도전세력의 지분을 축소시키는 직접적인 방법이고, 한편으로는 우호세력이 신주를 보유하는 한 계속적인 방어책이 되므로 적대적 기업인수에 대하여 매우 효과적인 방어수단이 된다. 그러나 이와 같은 방법을 통한 방어행위는 기존 주주의 비례적 이익(proportionate interest)을 침해할 우려가 있기 때문에 엄격한 법의 규제를 받고 있고, 그 발행목적이 법령 또는 정관에 위배되거나 현저하게 불공정한 방법에 의하여 신주를 발행하는 경우에는 신주발행 자체가 무효가 될 수 있다. 공격하는 측에서는 이러한 이유를 들어 신주발행을 금지해 달라는 가처분을 제기하게 되는 것이다.

과거의 사례를 보면, 법원은 한화종금 사례(1997년)에서 경영권 방어 목적으로 전환사채를 발행하는 것은 허용될 수 없다고 판시한 바 있고, 현대엘리베이터 사례(2003년)에서는 신주(국민주) 발행 절차가 이사회 결의 요건을 위반하는 등 절차적 위법이 있어서 허용될 수 없다고 판시한 바 있다.

이사의 직무집행금지 가처분

이사의 직무집행정지 가처분도 많이 활용되고 있다. 주주총회에서의 이사선임이 무효 혹은 취소사유가 있는 경우, 또는 이사가 그 직무에 관하여 부정행위를 하거나 법령 및 정관을 위반한 중대한 사실이 있는 경우, 소수주주는 해당 이사의 해임을 구하는 소를 제기하거나, 그 사전단계로서 이사의 직무집행을 정지해 달라는 취지의 가처분을 제기할 수 있다. 적대적 M&A의 경우에도, 매수를 시도하는 측에서 기존 이사들에 대한 직무집행정지 가처분을 신청하여 이들의 직무수행을 정지시킴으로써 대상회사의 M&A에 대한 정상적인 방어계획의 수립 및 시행을 중단시키고, 상대적으로 우호적인 이사 직무대행자의 선임을 통하여 적대적 M&A의 성사에 유리한 환경을 조성하려는 시도를 할 수 있다.

주주명부 및 회계장부 열람등사 가처분

마지막으로 회사 내부의 장부를 열람하고 필요한 정보를 얻기 위한 주주명부 열람등사 가처분과 회계장부 열람등사 가처분에 대하여 살펴 보자.

현행법상 주주총회에서의 대결을 앞두고 의결권을 확보하기 위해서는 자기 명의의 주식을 반드시 보유하고 있지 않더라도 다른 주주가 가지고 있는 주식의 의결권을 위임받아 행사하는 방법이 가능하다. 따라서 상장법인 등에서는 적대적 M&A의 공격, 방어 양측 모두 주주총회에서 다수의 의결권을 확보할 목적으로 다수의 주주들에게 위임장 용지를 송부하여 의결권 행사의 위임을 권유하는 예가 적지 않다. 이러한 목적 달성을 위해서는 우선적으로 주주명부(실질 주주명부)의 확보가 선행되어야 하고, 이를 위한 수단이 되는 것이 주주명부 열람등사 가처분인 것이다. 열람등사 청구를 받은 회사는 신청인의 청구가 부당함을 증명할 경우에는 이를 거부할 수 있다.

한편 발행주식 총수의 100분의 3 이상(상장법인의 경우에는 6개월 전부터 계속하여 1만분의 10 이상)의 주식을 보유한 소수주주는 주식회사의 회계장부에 대한 열람 및 등사를 청구할 수 있다. 이 역시 통상 가처분 소송으로 진행된다. 적대적 M&A를 시도하는 측에서는 회계장부의 열람을 통하여 기존 이사진의 위법, 부당행위 등 비위사실을 확인하여 이사의 직무집행정지 내지 해임을 요구할 수도 있고, 또 주주총회를 앞두고 주주들에게 기존 경영진의 비위사실을 널리 알림으로써 중립적 위치에 있던 소수주주들을 공격 진영에 우호적인 입장으로 전환시키는 계기를 만들 수도 있다. 이 역시 회사측에서 주주의 청구가 부당함을 입증하면 그 청구를 거부할 수 있다.

이상에서 살펴 본 각종의 가처분 제도를 잘 활용하면 적대적 M&A 혹은 경영권 분쟁 상황에서 반대측 당사자보다 훨씬 유리한 위치를 선점하고 궁극적인 목표를 달성하는 데 큰 도움이 될 것이다.

Chapter 11

이사회 의사록 등의 열람·등사 가처분

● ● ●

이사회 의사록이나 회계장부 등의 열람·등사 가처분은 적대적 M&A 혹은 경영권분쟁 상황에서 효과적으로 사용될 수 있는 유용한 무기이다. 판례에 따르면 가처분을 제기하는 측에게 정당한 목적이 있는지 여부에 따라 결론이 달라지므로, 공격하는 측에서도 자신의 주주로서의 권리를 효과적으로 주장·입증하는 것이 매우 중요하다.

적대적 M&A를 시도하는 측에서는 이사회 의사록이나 회계장부의 열람을 통하여 기존 이사진의 위법, 부당행위 등 비위사실을 확인하여 이사의 직무집행정지 내지 해임을 요구하면 좋을 것이다. 또 주주총회를 앞두고 주주들에게 기존 경영진의 비위사실을 널리 알림으로써 중립적 위치에 있던 소수주주들을 공격 진영에 우호적인 입장으로 전환시키는 계기를 만들 수도 있을 것이다. 이러한 목적으로 이용되는 것이 이사회 의사록 또는 회계장부의 열람·등사 가처분이다. 발행주식 총수의 100분의 3 이상(상장법인의 경우에는 6개월 전부터 계속하여 1만분의 10 이상)의 주식을 보유한 소수주주는 주식회사의 이사회 의사록 또는 회계장부에 대한 열람 및 등사를 청구할 수 있고, 이는 통상적으로 가처분 소송의 형태로 진행된다.

열람·등사 청구가 정당한 목적이 없을 경우에는 회사측에서 거부 가능

이러한 이사회 의사록 또는 회계장부 열람·등사 가처분에서 회사측은 주주의 청구가 부당함을 입증하면 그 청구를 거부할 수 있다. 대법원 판례에 의하면, 주주의 열람·등사권 행사가 부당한 것인지 여부는 그 행사에 이르게 된 경위, 행사의 목적, 악의성 유무 등 제반 사정을 종합적으로 고려하여 판단하여야 할 것이라고 한다. 특히 주주의 이와 같은 열람·등사권의 행사가 회사업무의 운영을 마비시키거나, 주주 공동의 이익을 해치거나, 주주가 회사의 경쟁자로서 그 취득한 정보를 나쁘게 이용할 염려가 있거나, 또는 회사에 지나치게 불리한 시기를 택하여 행사하는 경우 등에는 정당한 목적이 없어서 부당한 것이라고 본다.

무학과 대선주조 사례

사례를 하나 살펴 보자. 주식회사 무학과 대선주조 주식회사는 모두 부산·경남 지역에 영업기반을 두고 오랜 기간 경쟁관계를 유지해 오고 있는 소주회사이다.

무학은 대선주조가 139억원 남짓의 자본금을 33억원 남짓으로 대폭 감자하자 대선주조의 주식을 매입하기 시작하였다. 그 후 무학은 대선주조의 계속된 자본전액 잠식으로 인하여 대부분의 보통주가 상장폐지되었음에도 액면가의 5배에 달하는 가격으로 그 주식을 매입하여 대주주가 되었다. 한편 무학은 대선주조의 주식 취득과 때를 같이하여 공개적으로 대선주조의 경영권 인수를 표방하면서 50% 이상의 주식 취득을 위한 주식 공개매수에 착수하였다. 아울러 무학은 주식 취득 이전에 드러난 대선주조 전 대표이사의 부정행위, 미수금 채권관계, 상장폐지건 등을 내세워 임원 해임 요구, 손해배상청구 등을 하였고 이를 통하여 대선주조의 경영진을 압박하였다. 또한 무학은 대선주조의 주주 및 채권자들을 상대로 설득작업을 하면서 대선주조의 경영권 인수를 시도하였다. 이러한 과정에서 무학은 대선주조를 상대로 이사회 의사록 등의 열람·등사 가처분을 제기하였다.

이에 대하여 하급심 법원은 두 회사의 관계, 무학이 대선주조의 주식을 취득한 시기 및 경위, 주식 취득 이후에 취한 무학의 행동, 대선주조의 현재 상황 등 제반 사정을 고려하여 무학의 주식 취득이 그 본래의 목적인 회사의 경영성과를 분배받고자 하는 데 있지 않음이 분명하다고 보았다. 또한 법원은 무학이 대선주조의 경영감독을 위하여 이사회 의사록이나 회계장부의 열람·등사를 구하는 것이 아니라, 주주라는 지위를 내세워 대선주조를 압박함으로써 궁극적으로는 자신의 목적인 경영권 인수(적대적 M&A)를 용이하게 하기 위하여 위 서류들에 대한 열람·등사권을 행사하는 것이라고 보았다. 나아가 법원은 두 회사가 경업관계에 있기 때문에 이 사건 열람·등사 청구를 통하여 얻은 대선주조의 영업상 비밀이 무학의 구체적인 의도와는 무관하게 경업에 악용될 우려가 있다고 보았다. 이러한 모든 사정을 종합해 볼 때, 결국 무학의 이 사건 열람·등사 청구는 정당한 목적이 없는 것이라고 판단되었다. 즉 무학의 이사회 의사록 등 열람·등사 청구는 부당하다는 것이다. 이는 2004. 12. 24. 자 대법원 결정으로 확정되었다.

현대엘리베이터와 쉰들러 사례

이와는 대조적으로, 최근에 있었던 현대엘리베이터와 쉰들러 간 분쟁 사례에서 대법원은 이사회 의사록 등의 열람·등사 청구 가 정당하다고 보았다.

쉰들러 그룹은 스위스에 본사를 두고 있는 에스컬레이터·엘리베이터 제조업체로서, 2013. 1. 18. 기준으로 현대엘리베이터 발행 주식 총수의 35%에 해당하는 4,221,380주를 보유하고 있었다. 쉰들러는 현대엘리베이터에게 2011. 7. 6.자, 2011. 8. 29.자 등 4차례 서신을 보내서, 파생상품거래, 현대건설 인수 참여, 현대유엔아이와의 용역거래 등과 관련한 자료와 관련 이사회 의사록을 제공할 것을 요구하였다. 쉰들러 측에서 내세운 사유는 현대엘리베이터가 엘리베이터 및 에스컬레이터 사업과 무관하게 파생상품거래 등으로 손해를 보고 있는데, 이는 특정 주주(현정은 회장 일가)의 이익만을 위하여 무리한 계약체결 등의 행위를 한 것으로 의심된다는 것이었다.

현대엘리베이터 측은 2011. 9. 29.자 서신으로 쉰들러 측의 요구를 거절하였다. 거절 이유는 쉰들러가 요구하는 자료는 비밀유지의무상 공개할 수 없거나 열람·등사청구의 대상에 해당하지 않는 것이고, 많은 부분은 이미 공개된 것이며, 현대건설 인수와 관련된 자료는 현재 진행 중인 소송에 관한 것이므로 공개할 수 없다는 것이었다. 이에 쉰들러 측은 법원에 현대엘리베이터의 이사회 의사록 등에 대한 열람·등사를 구하는 가처분을 제기하였다.

이에 대하여 하급심 법원은 쉰들러 측의 청구를 기각하였다. 결정 이유에 따르면, 쉰들러는 주주로서 회사의 경영을 감독하기 위하여서가 아니라, 주주라는 지위를 내세워 회사를 압박함으로써 현대그룹으로부터 엘리베이터 사업부문을 인수하거나 그와 관련하여 협상하는 과정에서 보다 유리한 지위를 점하기 위하여 이사회 의사록 등에 대한 열람·등사를 청구하는 것으로 보이므로, 열

람·등사 청구는 부당하다는 것이다. 이러한 하급심 법원의 판단은 위에서 소개한 무학과 대선주조 간 사례에서의 대법원 결정의 영향을 크게 받은 것으로 보인다.

하지만 대법원은 2014. 7. 21. 자 결정을 통하여 이번에는 주주 즉 쉰들러 측의 이사회 의사록 등에 대한 열람·등사 청구가 정당하다고 보았다. 대법원 결정 이유에 따르면, 적대적 인수·합병을 시도하는 주주의 열람·등사청구라고 하더라도 그 목적이 단순한 압박이 아니라 회사의 경영을 감독하여 회사와 주주의 이익을 보호하기 위한 것이라면 허용된다는 것이다. 그리고 주주가 회사의 이사에 대하여 대표소송을 통한 책임추궁이나 유지청구, 해임청구를 하는 등 주주로서의 권리를 행사하기 위하여 이사회 의사록 등의 열람·등사가 필요하다고 인정되는 경우에는 특별한 사정이 없는 한 그 청구는 회사의 경영을 감독하여 회사와 주주의 이익을 보호하기 위한 것이라고 보았다. 따라서 이를 청구하는 주주가 적대적 인수·합병을 시도하고 있다는 사정만으로 청구가 정당한 목적을 결하여 부당한 것이라고 볼 수 없으며, 주주가 회사의 경쟁자로서 취득한 정보를 경업에 이용할 우려가 있거나 회사에 지나치게 불리한 시기를 택하여 행사하는 등의 경우가 아닌 한 허용되어야 한다고 판시하였다.

이러한 전제 하에 대법원은 쉰들러가 이사에 대한 대표소송 등 주주로서의 권리를 행시히기 위하여 이사회 의사록의 열람·등사가 필요하고, 쉰들러가 이사회 의사록으로 취득한 정보를 경업에 이용할 우려가 있다거나 현대엘리베이터에 지나치게 불리한 시기에 열람·등사권을 행사하였다고 볼 수 없는 점 등 여러 사정에 비추어 쉰들러의 열람·등사청구가 정당한 목적이 없어서 부당하다고 볼 수는 없다고 하였다. 즉 쉰들러의 열람·등사 청구는 정당하여 허용되어야 한다는 것이다.

주주로서의 권리를 효과적으로 주장·입증하는 것이 중요

이러한 사례들에서 알 수 있듯이, 겉으로 보기에는 비슷해 보이는 사안이라 하더라도 적대적 M&A의 공격세력이 자신의 청구를 얼마나 정당화할 수 있느냐에 따라 결론은 크게 달라지게 된다. 적대적 M&A를 추진하는 세력도 결국은 회사의 주주이므로, 주주로서의 권리를 효과적으로 주장·입증해야만 궁극적인 성공 가능성을 높일 수 있을 것이다.

Chapter 12

지배주식의 매각과 경영권 프리미엄

• • •

기업의 지배권 이전이 일어날 경우 그 지배주주에게 단순히 지배주식을 보유하고 있다는 이유만으로 지급되는 초과 이익을 경영권 프리미엄이라고 한다. 주주평등의 차원에서 이를 지배주주뿐만 아니라 소수주주도 일정 부분 공유할 수 있도록 할 것인지는 시장의 효율성이라는 가치와 기회의 균등이라는 가치를 상호 균형있게 종합적으로 고려한 정책적 판단에 의하여 결정할 문제이다.

주식회사의 지배주주가 그 보유 주식을 양도함으로써 회사의 지배권이 이전(sale of control block)될 때, 그 양도대금이 주식의 시가 내지 장부가보다 큰 경우, 그 차액을 경영권 프리미엄이라 한다. 거래 목적물 자체의 가격 외에 일정한 가치가 부가되어 거래가 이루어지는 점에서 경영권 프리미엄은 권리금과 유사한 측면이 있다.

대부분의 M&A 거래에서 막대한 경영권 프리미엄 지급

경영권 프리미엄이 지급된 최근 사례들을 한 번 살펴보자. 2016년에 대우증권과 현대증권이 각각 매각되었다. 대우증권의 지배주

하나는 지배주식이 회사의 의사를 합법적으로 결정할 수 있다는 측면에서 인정되는 프리미엄이다. 이는 인사권, 대표권, 업무집행권 등을 통하여 실현된다. 또 하나의 요소는 지배권자의 사적 이익(private benefit)의 측면이다. 지배권에 부여된 각종 권한을 이용하여 지배주주 또는 경영진이 자신의 이익, 경우에 따라서는 불법적인 이익까지도 추구할 수 있다는 의미이다.

주였던 산업은행은 그 보유지분 43%를 주당 1만 6,519원, 총 2조 3,846억원에 미래에셋증권에 매각함으로써 주당 약 8,700원, 총 1조 2,000억원 가량의 시가 대비 차액, 즉 경영권 프리미엄을 취득하였다(지분양도 본계약 체결일인 2016. 1. 25.의 대우증권 주가 7,790원 기준). 반면, 미래에셋증권과 대우증권의 합병에 반대한 대우증권 소수주주들이 주식매수청구권을 행사하고 수령한 금액은 보통주 기준 주당 7,999원이었다. 현대증권의 경우 그 차이가 더욱 심한데, 지배주주였던 현대상선은 그 보유지분 22.6%를 주당 2만 3,182원, 총 1조 2,400억원에 KB금융지주에 지분을 매각한 반면, 현대증권의 소수주주들이 주식매수청구권을 행사하고 지급받은 돈은 주당 6,637원에 불과하였다.

위 사례에서 인수전에 뛰어든 미래에셋증권과 KB금융지주는 경쟁자들을 물리치고 인수에 성공하기 위하여 피인수기업의 지배주주인 산업은행과 현대상선에 막대한 경영권 프리미엄을 지급하였다. 이후 인수회사, 정확히는 인수회사의 지배주주는 과다하게 지급된 경영권 프리미엄 상당액을 보전하고, 보유지분의 가치를 높이기 위하여 자신에게 가장 유리한 시기에, 즉 합병비율은 최대한 유리한 반면 주식매수청구권을 행사할 가능성이 있는 반대주주(소수주주)들의 주식매수가액은 최소화할 수 있는 시기에, 합병절차를 진행하였다.

이제 소수주주들은 합병에 찬성하거나, 헐값에 지분을 매각하는 것 사이에서 선택을 강요받게 되었다. 상법에서는 법원이 주식매수청구권(appraisal right)을 행사한 주주들의 공정한 매수가액을 결정할 수 있도록 규정하고 있으나, 실무를 해보면 그러한 구제는 기대하기 어려운 것을 잘 알 수 있다. 합병에 반대하는 소수주주들, 특히 개인투자자들은 '회사와 소송을 하는 것은 계란으로 바위치기'라거나, '회사와 소송하면 소송 확정시까지 출자금이 묶인다'는 등의 이유로 법원에 의한 구제를 포기하는 경우도 많다. 여러 현실적인 제약들을 극복하고 소송을 진행하게 된 극소수 주주들의 앞길도 너무나 험난하다. 애당초 경영권 프리미엄은 고려 대상이 아니고, 주식의 공정한 가치라는 것도 평가자에 따라 고무줄 잣대가 적용되어 적정 금액을 보상받는 것은 대단히 어려운 일이다. 삼성물산 합병 사건에서 보듯이 합병 시기마저 소수주주들에게 가장 불리한 시기를 골라서 결정된다. 이러한 현실은 과연 타당한 것일까?

소수주주는 경영권 프리미엄 공유 기회 박탈

지배주주가 있는 상황에서는, 특히 지배주주의 보유지분율이 높은 경우에는 통상적으로 회사의 지배권을 취득하고자 하는 자는 지배주주에게 거액의 경영권 프리미엄을 지급하고라도 이를 취득하고자 한다. 왜냐하면 경영권 프리미엄을 주고라도 지배주식을 취득하는 것이 그 회사의 경영권을 확보하는 가장 확실한 방법이기 때문이다. 반면에 소액주주의 경우는 그 운명이 다르다. 경영권 프리미엄은 커녕 종종 합병 등에 의하여 헐값에 주식을 매각할 수밖에 없는 상황에 몰리기도 한다. 그렇다면 여기에서 두 가지 의문이 든다. 첫번째는 지배주주가 자신의 주식을 매각함에 있어서 소수주주의 이익까지 고려하여야 할 의무가 있는가이고,

두번째는 매수인이 (소수주주의 지분을 제외하고) 지배주식에 대해서만 보다 높은 가격을 지불하는 것이 허용되는가이다.

첫번째의 의문, 즉 지배주주가 소수주주의 이익까지 고려하여야 하는가라는 생각은 지배주주에게 소수주주에 대한 충실의무(fiduciary duty)를 부여할 것인가의 문제이다. 원칙적으로 누구나 자기가 보유하고 있는 주식을 자기가 원하는 가격에 매각할 자유(재산권)가 있으므로, 지배주식이라 하더라도 그 매각 여부나 가격조건 등은 모두 지배주주가 자유롭게 정할 수 있다 할 것이다.

그런데 문제는 만일 이러한 거래로 인하여 소수주주의 이익이 침해되는 경우 소수주주로서는 이를 구제하거나 방어할 특별한 방법이 없다는 것이다. 소수주주는 장외에서 일어나는 주식의 매각조건 협상 및 결정에 참여할 방법이 없기 때문이다. 지배주식의 매각은 주주총회 결의사항도 아니기 때문에 주주총회를 통하여 통제할 방법도 없다. 이러한 점을 고려하여 지배주식의 매각시 지배주주는 소수주주의 이익까지 고려하여 소수주주도 평등하게 경영권 프리미엄에 대한 권리를 가지도록 보호할 필요가 있다는 주장이 일각에서 제기되고 있다.

그러나 현행법 및 판례상으로는 이러한 종류의 충실의무는 인정되기 어렵다. 충실의무를 비교적 두텁게 인정하는 미국에서조차 이러한 경우에는 소수주주의 권리를 인정하지 않는 것이 판례의 태도이다. 미국의 법원은 "지배주식의 약탈자에 대한 매각, 회사기회의 유용, 기타 명백한 사기나 악의가 개입되지 않는 한, 지배주주는 자신의 주식을 시장가격보다 얼마든지 높은 가격에 매각할 수 있다"라고 하는 일관된 입장을 취하고 있다.

두번째의 의문, 즉 매수인이 (소수주주의 지분을 제외하고) 지배주식에 대해서만 보다 높은 가격을 지불하는 것이 허용되는가, 다시 말하면 경영권 프리미엄을 지배주주 외에 소수주주들도 공유하여야 하지 않는가라는 생각에 대하여, 영국이나 독일 같은 국가에서는 지배주식을 이전할 경우 공개매수를 강제함으로써 이를 긍정하고 있다고 한다.

우리나라에서도 과거 강제적 법규정에 의하여 이를 보장한 적이 있었다. 구 증권거래법(현재는 폐지되고 자본시장법으로 대체되었다)은 소위 "5% 의무공개매수"라는 제도를 통하여 인수자의 주식 공개매수를 강제한 바 있다. 매수인이 시장 밖에서 10인 이상으로부터 주식을 매수하여 보유하게 되는 주식이 5% 이상이 되는 경우에는 당해 매수를 반드시 공개매수 방식에 의하도록 함으로써, 소수주주들에게도 경영권 프리미엄을 공유할 수 있는 기회를 부여하였던 것이다. 그러나 이러한 방식은 기업의 인수·합병에 지나친 비용을 초래함으로써 시장의 자율과 규모의 경제 실현 등의 공익을 저해할 우려가 있다는 이유로 폐지되었다.

시장의 효율성이냐 기회의 균등이냐 선택의 문제

결국 어떠한 제도를 택할 것인지는 사회 전체의 정책적 목표와 관련이 있다. 만약 지배권 이전의 거래가 있을 때 소수주주도 그 경영권 프리미엄을 일정 부분 공유하는 것이 바람직하다고 생각하고 그러한 평등대우를 해야 한다는 사회적 컨센서스가 있다면, 지배권 이전 거래가 활성화되지 않는 부작용이 다소 있더라도 의무공개매수와 같은 법제도를 시행해야 할 것이다. 그러나 반대로 M&A 거래를 활성화시키고 그에 따라 구조조정도 원활히 함으로써 경제에 활력을 불어넣는 것이 필요하다는 사회적 컨센서스가 있다면 시장의 원칙에 따라 효율적으로 지배권 이전이 가능하도록 경영권 프리미엄을 지배주주에게 독점시키는 것도 불가피하다 할 것이다.

Chapter 13

경영권 방어 수단으로서의 자기주식 처분

• • •

자기주식이란 회사가 보유하고 있는 자기 회사의 주식을 말한다. 경영권 분쟁시 자기주식을 현 경영진에 우호적인 제3자에게 처분하게 되면 상실되었던 자기주식의 의결권이 부활되어 경영권 방어 수단으로 활용 가능하다. 그러나 이러한 방법은 이해관계 충돌시 이사의 충실의무 위반 문제 및 주주의 신주인수권 침해 문제 또한 존재하므로, 자기주식 처분 과정에서의 공정성이 매우 중요하다.

자기주식(自己株式, treasury stock)이란 회사가 발행한 주식을 그 회사가 다시 매입하거나 질권의 목적으로 재취득하여 보관하고 있는 주식을 말한다. 과거에는 자기주식을 취득하게 되면 회사가 스스로 회사의 구성원이 된다는 점에서 논리적 모순이 있다고도 하였다. 그러나 주식이 발행된 이상 하나의 재산권으로서 증권화되어 유통되고 있으므로 그 취득이 이론상 불가능한 것은 아니다. 하지만 자기주식의 취득을 무제한으로 인정하는 것은 실질적으로는 자본의 환급(還給)이 되어 자본유지(충실)의 원칙에 반하게 되므로, 상법 및 자본시장법에서는 일정한 요건 하에서만 이를 허용하고 있다.

자기주식 취득의 경제적 본질은 사실 이익배당이나 마찬가지라 할 것이다. 즉 회사의 재산을 주주에게 반환하는 하나의 방법에 불과하다. 재무이론에서는 회사의 재산을 주주에게 반환하는 두 가지 전형적인 방법으로 이익배당과 자기주식 취득을 들고 있다. 경제적으로만 본다면 자기주식 취득은 유상감자나 이익배당과 동일하고, 자본금의 변화가 없다는 점에서 본다면 정확하게 이익배당과 동일하다. 회사가 자기주식을 취득하게 되면 그 법률적 효과로서 의결권이 상실된다(상법 제369조 제2항). 왜냐하면 회사 그 자신에게 주주로서의 권리를 인정할 수는 없기 때문이다. 하지만 취득하였던 자기주식을 타인에 처분하게 되면 상실되었던 의결권이 다시 부활하게 된다. 자기주식을 타인이 취득하게 되면 그것은 이제 더 이상 자기주식이 아니기 때문이다.

　이와 같이 자기주식을 처분하게 되면 그 법적 효과로서 의결권이 부활할 뿐만 아니라, 환급되었던 자본이 다시 회사에 납입되는 경제적 효과가 나타난다. 그러면 자기주식 처분의 법적 성격은 무엇으로 볼 것인가? 우선 가능한 하나의 시각은 자기주식 역시 상품이나 부동산, 혹은 타 회사의 주식과 마찬가지로 회사의 자산으로 보고 그 거래를 손익거래로 파악하는 시각이다. 이러한 시각은 자기주식을 처분하면 현금유입이 발생한다는 점에 근거를 두고 있다. 세법상으로는 자기주식의 처분을 과세처분의 대상이 되는 손익거래로 보고 있다.

　또 하나의 시각은 자기주식 처분을 신주발행과 마찬가지로 자본거래로 파악하는 시각이다. 즉, 자기주식의 취득은 자본금의 환급이고, 자기주식의 처분은 자본금의 납입으로 보는 것이다. 이는 자기주식 처분의 법적 성격을 그 경제적 실질과 동일하게 파악하는 이론이다. 자기주식을 처분하면 의결권이 부활하여 의결권 있는 주식수가 증가한다는 점에서 신주발행과 유사하다는 점에 이론의 근거를 두고 있다. 우리나라의 회계기준(K-IFRS) 상으로는 자기주식을 자본의 차감항목으로 규정하고 그 취득 및 처분을 자본거래로 보고 있다.

자기주식 처분을 경영권 방어 수단으로 활용

한편 자기주식 처분시 의결권이 부활하는 점에 착안하여, 종래 경영권 분쟁 가능성이 있는 회사들은 회사의 자금으로 시장에서 자기주식을 미리 매입하여 보유하고 있다가, 실제로 경영권 분쟁 상황에 처하게 되면 이를 우호적인 제3자(백기사)에게 매도하여 주주총회에서 다수의 의결권을 확보하는 방안으로 사용해 왔다.

2003년 SK와 소버린과의 경영권 분쟁시에도 그랬고, 2015년 삼성물산과 엘리엇 간의 경영권 분쟁시에도 그러한 일이 있었다. 이와 같이 자기주식 처분을 함으로써 경영권을 방어하는 것은 현행 상법상 자기주식의 처분시 주식을 처분할 상대방을 포함한 처분방법을 이사회가 결정할 수 있기 때문에 제도적으로 가능하다.

기업들 간 적대적 인수 · 합병(M&A)이 진행되는 경우 현 경영진의 경영권 방어에 우호적인 주주를 '백기사(white knight)'라고 부른다. 우리나라에서는 2003년 외국계 자본인 소버린이 SK 지분 14.99%를 보유하고 경영권을 인수하려고 하자, 신한 · 하나 · 산업은행이 SK의 자기주식을 취득해 백기사 역할을 한 사례 및 2015년 삼성물산과 제일모직의 합병 결의안에 대한 주주총회 통과를 위해 삼성물산이 보유한 자기주식을 KCC에 매각하여 우호세력을 확보한 것이 대표적인 사례이다. 지분구조가 취약한 기업은 적대적 M&A에 대비해 미리 백기사를 확보하기도 한다. 2008년 12월 국민은행과 포스코가 3천억원 규모의 자기주식을 맞교환한 사례가 여기에 속한다. 국민은행은 지주회사 전환 과정에서 확보한 KB금융지주 지분이 있지만, 모회사 주식은 자기자본으로 인정되지 않아 포스코 주식과 맞교환하였다. 타사 주식은 투자유가증권으로 분류돼 자기자본으로 인정되기 때문에 국민은행은 국제결제은행(BIS) 기준 자기자본비율을 0.2%p 올리게 됐으며, 지분분산으로 적대적 M&A에 취약한 포스코는 국민은행을 백기사로 확보할 수 있게 되었다.

자기주식 처분은 주주의 권리 침해 가능

그런데 여기에 대해서는 비판적 시각이 존재한다. 만약 자기주식 처분 목적에 아무런 제한을 두지 않고, 지배주주가 경영권 방어를 위하여 자유롭게 자기주식을 처분할 수 있다고 한다면(손익거래설의 입장), 이는 사실상 회사의 돈(보다 엄밀하게는 반대 주주까지 포함한 전체 주주의 돈)으로 지배주주가 원하는 방향으로 회사의 중요한 의사결정을 할 수 있다는 결과가 된다. 이러한 결과는 특히 이해관계 상충 상황에서 문제가 되며, 경영권 분쟁처럼 이해관계가 첨예하게 대립되는 상황에서 대량으로 자기주식을 특정 제3자에게 처분하는 것은, 경영상 다른 목적이 인정되지 않는 이상 이사의 충실의무 위반이라고 볼 여지가 매우 크다.

또한 자기주식 처분을 자유롭게 허용하는 것은 주주의 신주인수권을 침해할 우려가 있다. 상법상 신주발행 방식은 주주배정이 원칙이고, 재무구조의 개선 등 경영상 목적을 달성하기 위해 필요한 경우에만 제3자에게 신주를 발행할 수 있도록 되어 있다. 그런데 경제적 관점에서 자기주식 처분은 신주발행과 동일하다. 자기주식의 처분을 그 자기주식을 소각하고 신주를 발행하는 거래로 대체하여 생각하면, 심지어 회사의 자본금에 미치는 영향마저 완전히 동일하다. 그러므로 만약 자기주식 처분을 이사회가 마음대로 할 수 있다면, 이는 이사회가 자의로 주주의 신주인수권을 배제하는 것과 그 효과에 있어서 동일하다고 보아야 할 것이다.

따라서 자기주식을 처분함에 있어서도 적절한 통제가 필요하며, 특히 자기주식 처분이 신주발행과 동일한 효과를 갖는다는 점에 착안하여 신주발행 절차를 유추 적용하여 규제하여야 한다는 시각이 존재한다(자본거래설의 입장). 자기주식의 처분에 의하여 회사의 지배구조가 바뀔 수 있으며, 특히 대량의 자기주식 처분에 의하여 회사의 지배권(control)마저 넘어갈 수 있다는 점을 생각해

보면, 이를 이사의 재량에 맡길 것이 아니라, 주주의 비례적 이익
(proportionate interest) 보호를 위하여 우선적으로 기존 주주에게 자
기주식 취득의 기회를 부여하는 것이 필요하다는 것이다.

자기주식 처분에도 공정성이 요구됨

이와 같은 비판적 시각하에, 현재 국회에 계류중인 상법 개정안
은 자기주식 처분 절차에 관하여 일정한 제한을 두고 있다. 위 상
법 개정안을 발의한 의원들은 현행 상법의 대도에 대하여 사뭇 비
판적이다. 현행 상법은 "자기주식을 처분할 상대방이 불공정할 경
우 그 회사의 지배구조에 중대한 영향을 끼침에도 불구하고 이사

의 책임을 물을 수 없는 문제가 있으며, 따라서 주식을 처분할 상대의 공정성을 담보할 필요가 있다"는 것이다.

상법 개정안은 자기주식을 처분할 때 주식평등의 원칙에 따를 것을 규정한 독일 주식법이나 또는 신주발행절차를 따를 것을 규정한 일본 회사법과 같은 해외 입법례를 참조하였다. 그리하여 회사가 자기주식을 처분하는 경우 각 주주가 가진 주식수에 따라 균등한 조건으로 처분하도록 하되, 신기술의 도입, 재무구조의 개선 등 경영상 목적을 달성하기 위해 필요한 경우에만 제3자에게 자기주식을 처분할 수 있도록 하고 있다. 이와 같은 상법 개정안이 통과될 경우 종래 경영권 분쟁 상황에 처한 기업들이 자기주식을 이용해 우호세력을 확보하던 관례가 더 이상 가능하지 않게 될 것이다.

Chapter 14

상환전환우선주식(RCPS)을 활용한 M&A

. . .

상환전환우선주식(RCPS)이란 보통주식에 상환권과 전환권, 그리고 우선권을 부여한 특수한 형태의 주식으로서, 주로 투자자 유치 목적으로 발행된다. 상환전환우선주식의 전환가격에 대한 사후적 변경을 무한정으로 허용할 경우 일반 주주의 이익을 해치게 됨은 물론 경영권이 헐값에 넘어갈 수도 있는 리스크가 있으니 주의를 요한다.

상환전환우선주식(redeemable convertible preferred shares, RCPS)이란 주식의 일종으로서, 보통주식에 상환권과 전환권, 그리고 우선권을 부여한 특수한 형태의 주식이다. 즉 채권처럼 만기 때 투자금 상환을 요청할 수 있는 "상환권"과 우선주를 보통주로 전환할 수 있는 "전환권", 이익배당이나 잔여재산 분배시 보통주보다 유리한 권리를 가지는 "우선권"을 모두 가지고 있는 종류주식이다. 상환전환우선주는 국제회계기준(IFRS) 상 부채로 분류되지만, 주주뿐만 아니라 회사도 상환권을 가지면 자본으로 인정받을 수 있다.

상환전환우선주식은 투자자 유치 목적으로 발행됨

상환전환우선주는 투자자의 입장에서 보면 다음과 같이 여러 가지 장점을 가진다. 상환전환우선주에 대하여는 회사채 이자보다 높은 배당수익률을 약속하는 경우가 많다. 그러므로 평소에는 높은 배당을 받으며 계속 보유할 수 있다. 한편 상환전환우선주는 그 상환을 하여야 하는 만기가 정해져 있다. 그러므로 만기시에 만약 주가가 낮다면 투자자는 회사에 만기시까지의 이자까지 포함한 금액으로 상환을 요구하여 투자금을 회수할 수 있다. 그러나 만약 만기시에 주가가 높게 형성되어 있다면 상환을 하기보다는 보통주로 전환하여 시장에서 매각함으로써 높은 매각차액(capital gain)을 챙길 수 있다.

이와 같이 투자자에게 일방적으로 유리한 조건의 상환전환우선주식을 회사는 왜 발행할까? 그것은 예컨대, 제품 연구개발 및 생산을 위하여 초기 투자자금 조달이 절실한 스타트업 기업이나 또는 일시적인 자금경색을 겪고 있어서 운영자금 지원이 필요한 기업, 혹은 대외적 신인도 확보를 위하여 명망 있는 투자기금 등의 참여가 필요한 사모펀드 등에서 이러한 좋은 조건의 상환전환우선주식을 발행함으로써 외부 투자자를 유인하기 위한 목적이 크다.

국민연금 등도 상환전환우선주식으로 재테크

2015년에 진행된 7조 2천억원 규모의 홈플러스 매각 작업시에도, 최종 인수자로 결정된 국내 사모펀드인 MBK 파트너스에서는 그 인수자금 조달을 위한 방법 중 하나로 국민연금에 5억 달러(당시 환율로 약 5,850억원) 상당의 상환전환우선주식을 배정한 바 있다. 이 때 배당률은 보통주에 우선하여 연 3%를 우선 배당하고, 잔여재산 분배시 우선권도 있으며, 발행 후 수시로 보통주 전환이 가능하고, 발행일로부터 5년이 지나 만기가 되면 발행가액에 연 9% 복리로 누적된 금액으로 상환하는 조건으로 알려져 있다.

국민연금으로서는 이러한 상환전환우선주식 투자를 통하여, 약 4조원에 이르는 금융기관 차입금보다는 우선순위에서 뒤지지만 3조원에 이르는 보통주 보유 주주들보다는 우선순위에서 앞서는 비교적 안전한 투자를 좋은 조건에 한 셈이 된다. 쉽게 말하면 홈플러스를 재매각 또는 청산한다 해도 매각대금(혹은 청산대금)을 최초 인수가의 절반 규모인 4조 6천억원(선순위 차입금 4조원＋상환전환우선주식 6천억원) 이상만 받을 수 있다면 국민연금이 투자금을 회수하는 데에는 전혀 지장이 없다는 이야기이다. 그래서 일각에서는 MBK파트너스가 국민연금에 선물을 준 것이라는 말까지 나온다.

전환가격의 사후적 변경이 가능한가

한편 상환전환우선주식을 발행하는 경우, 이를 보통주로 전환할 때의 전환가격(전환비율)을 미리 정해 두게 되는데, 이를 사후적으로 변경하는 것이 가능할까?

전환사채 등 채권에서는 전환가격을 사후적으로 조정하는 것이

Adjustment: 무상증자, 주식분할, 주식병합 등으로 기업가치의 희석화(dilution)가 일어날 때 투자자의 원래 투자가치 보전을 해주기 위해서 명목상의 전환가격을 조정해 주는 계약조항을 말한다.

Refixing: 주가가 낮아질 경우 전환가격을 함께 낮추어 가격을 재조정할 수 있도록 하는 계약조항을 말한다. 예컨대, 전환사채에 있어서 Refixing 기준일 이전 5일 동안의 주가평균이 전환가격보다 낮을 경우 그 주가평균을 새로운 전환가격으로 정하도록 하는 조항이다.

법적으로 인정되고 있다. 그 방법에는 두 가지가 있는데, 하나는 Adjustment이고 또 하나는 Refixing이다.

Adjustment는 명목상의 가치변동에 따른 조정이므로, 실질적인 가격조정이 일어나지는 않는다. 그러나 Refixing의 경우에는 실질적인 가격조정이 일어나므로 문제이다. Refixing에 의한 가격조정을 허용할 경우에는 전환권을 가진 당사자는 이익을 보지만, 회사의 다른 일반주주 등 이해관계자는 그만큼 손해를 보게 되기 때문이다.

전환사채 등 채권의 경우에는 채권자의 이익 보호를 위하여 주주의 희생을 어느 정도 요구할 수 있을 것이므로, 이러한 전환가격 조정을 법으로 허용하고 있다. 그러나 전환우선주식이나 상환전환우선주식과 같은 주식의 경우에도 그러한 주식을 가진 특정 주주의 이익을 위하여 다른 일반주주의 이익을 희생하도록 하는 것이 허용될 것인가? 이는 서로 대립되는 가치인 "긴급한 자금조달의 필요성"과 "주주평등의 원칙" 사이에서 고민해 보아야 할 문제이다.

STX에너지 M&A 사례

실제로 상환전환우선주식의 전환가격 조정에 의하여 기업의 경영권이 넘어간 M&A 사례가 있다. 바로 STX에너지 사례이다. 아래에서 간략히 살펴보자.

STX에너지는 STX그룹의 핵심 계열사 중 하나로서, 북평 화력발전소 사업권 등을 보유하고 있어 장래 성장가능성이 높았으며, 2012년 기준으로 STX그룹 계열사 중 수익을 내는 거의 유일한 계

열사였다. 당시 STX에너지의 자본금은 527억원, 자산 1조 6,791억원, 매출액 1조 2,873억원, 당기순이익 303억원 규모였다.

주요사업영역은 열병합발전소 운영과 자원개발사업이었는데, 주로 해외에 자원개발 자산을 보유하고 있었다. 호주 로이힐 철광산, 캐나다 맥사마시 가스광구, 중국 평정탄광, 아일랜드 유전광구, 우즈베키스탄 수르길 가스광구 등이 주요 자산이었지만, 사실상 그 자산가치는 거의 없었다.

STX그룹은 2008년 미국 금융위기 이후 심화된 조선 및 해운업계의 불황으로 STX조선해양, STX팬오션 등 주력 계열사들이 자금난을 겪기 시작하면서 그룹 전체의 재무구조가 악화되기 시작하였고, 결국 심각한 유동성 위기를 맞게 되었다. 그래서 그 자구책으로 STX그룹은 STX에너지의 지분을 매각하는 방안을 모색하였다. STX그룹은 종래 협력관계에 있던 일본 오릭스 그룹과 협의 끝에 2012년 12월 구주매각 1,210억원, 전환우선신주 발행 970억원, 상환전환우선신주 발행 970억원, 교환사채 발행 450억원, 합계 3,600억원의 방법으로 오릭스 그룹의 투자를 유치하게 되었다.

그런데 STX그룹 측은 재무구조의 개선을 위해 시간에 쫓기다 보니 불리한 독소 조항을 수용할 수밖에 없었는데, 그것이 사후적 자산평가에 따른 전환가격 조정이었다. 신주전환가격은 STX에너지가 해외에 투자한 자산들(해외자원개발사업)에 대하여 사후적으로 6개월마다 가치를 평가하여 조정 가능하도록 하였는데, STX에너지의 해외 자산들은 사실상 그 가치가 영(0)에 가까웠으므로 신주전환가격은 낮아질 수밖에 없었다.

결국 본건 딜은 표면적으로는 STX그룹이 과반수 지분 및 경영권을 계속 유지하지만, 신주전환가격의 사후조정을 통하여 언제든지 오릭스 그룹에게 경영권이 넘어갈 수 있는 장치가 마련되었다.

또한 STX그룹의 재무상태가 악화되어 주요 계열사들이 은행과 재무구조 개선약정을 맺거나 회생절차, 파산 등 절차가 진행될 경우 교환사채의 교환권 행사 또는 신주의 전환권 행사가 가능하도록 합의되었다(Trigger Event).

그 후 주지하다시피 STX그룹은 2013년부터 채권단 공동관리 및 회생절차에 들어가게 되었고, 오릭스 그룹은 조정된 전환가격으로 교환권 및 전환권을 행사하여 STX에너지의 과반수 지분을 확보한 후, 산업은행의 중재 하에 STX에너지의 지분 전체를 인수하고 이를 다시 2014년 2월 GS그룹에 되팔아 단기간에 막대한 시세차익을 얻을 수 있었다.

본 사건은 실무에서 흔히 사용되는 상환전환우선주(RCPS) 발행 방식에 의한 M&A에 있어서 자칫하면 경영권이 헐값에 넘어갈 수도 있다는 가능성을 보여 준 사례로서 큰 의미가 있다.

Chapter 15

인수금융을 활용한 M&A의 이해

• • •

인수금융이란 기업을 인수하고자 하는 자에게 기업인수(M&A)를 위하여 필요한 자금을 제공하는 것을 말한다. 인수금융에는 차입(debt)형, 주식(equity)형, 혼합형, 차입매수(LBO)형 등의 다양한 형태가 활용되고 있으므로, M&A의 구조 설정 단계부터 당해 프로젝트에 가장 적합한 형태를 잘 고안하여 사용할 필요가 있다.

기업을 인수하고자 하는 자에게 기업인수(M&A)를 위하여 필요한 자금을 제공하는 것을 총칭하여 인수금융(acquisition financing)이라고 한다. 오늘날 M&A의 금액 규모가 많게는 수 조 원 이상이 되는 대형화 현실에 비추어 볼 때, 작은 자기자본만을 가지고 큰 기업을 인수하기 위해서는 인수금융이 불가피하다 할 것이다.

인수금융은 좁은 의미로는 인수자 또는 인수자가 설립한 특수목적회사(SPC)가 금융기관으로부터 인수자금의 일부를 차입하는 것만을 의미하지만, 넓은 의미로는 차입(debt) 외에도 재무적 투자자로부터의 주식(equity)형 자금 조달까지 포괄하는 의미로 사용되고 있다.

인수금융에는 차입(debt)형, 주식(equity)형, 혼합형, 차입매수

특수한 목적을 수행하기 위해 일시적으로 만들어지는 일종의 페이퍼 컴퍼니이다. 별개의 법인격을 보유하고 있기 때문에, 실질적인 투자 주체와 별도로 권리의무의 취득이 가능하다. 그 결과 출자자인 모회사의 파산 위험으로부터 보호되며, 특수목적회사 자체의 회계관리 및 손익관리가 가능하므로, M&A나 자산유동화 거래에서 널리 쓰이고 있다.

인수금융의 유형-차입형

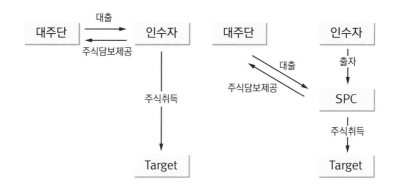

(LBO)형 등의 형태가 있다. 먼저 차입형은 인수자가 직접 또는 특수목적회사를 설립하여 자금을 차입한 후 그 차입한 자금을 이용하여 대상회사(target company)를 인수하는 형태이다.

반면에 주식형은 인수자(업계에서는 흔히 전략적 투자자, Strategic Investor, SI라고 부른다)가 외부의 재무적 투자자(Financial Investor, FI)와 주주간 계약을 맺고 함께 출자하여 특수목적회사를 설립한

인수금융의 유형-주식형

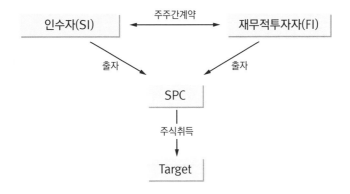

인수금융의 유형-혼합형

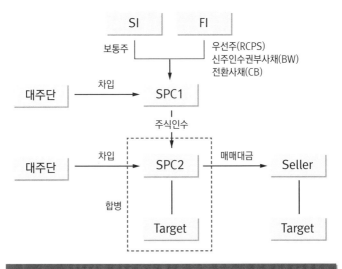

두 개의 SPC설립 통한 구조적 후순위화 설계/ 역합병을 통한 debt push-down

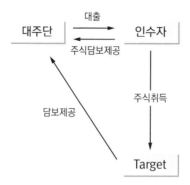

후 그 출자 자금으로 대상회사를 인수하는 형태이다. 보통 실제 사업을 영위할 인수자가 대주주가 되고, 재무적 투자자는 소수주 주가 된다.

현실에서는 이러한 차입형이나 주식형 인수금융이 각각 단독으로 쓰이는 경우는 거의 없고, 대개는 양쪽이 혼합된 형태(혼합형)가 많이 쓰이고 있다. 즉 전략적 투자자와 재무적 투자자가 함께 출자하여 특수목적회사를 세우고, 그 특수목적회사가 대주단으로부터 차입을 하는 형태이다. 이 때 좋은 재무적 투자자를 유치하기 위하여 흔히 여러가지 혜택을 주게 되는데, 재무적 투자자에게 상환전환우선주식(RCPS), 전환사채(CB), 신주인수권부사채(BW) 등의 다양한 투자수단을 제공하기도 하고, 한편으로는 풋옵션(put-option), 동반매각권(tag-along), 동반매각청구권(drag-along), 우선매수청구권(right of first refusal) 등 재무적 투자자가 투자금을 회수할 때 사용할 수 있는 여러 가지 편의성 권리를 제공하기도 한다.

외국의 투자자가 국내기업을 인수하는 경우도 흔히 있으며, 이때 특수목적회사는 해외 및 국내에 각각 설립하기도 한다. 여러 개의 특수목적회사가 모자회사의 관계를 형성하는 경우에는 구조적으로 자회사인 특수목적회사에 대여를 해준 금융기관부터 순차적으로 우선변제를 받을 수 있게 되는데, 이를 "구조적 후순위화 설계"라고 한다.

또한 대상회사를 인수한 후 최종적으로 특수목적회사와 대상회사가 합병을 하게 되면, 특수목적회사가 외부 금융기관으로부터 차입한 금전의 상환의무가 대상회사에게 이전되는 효과가 있다. 이러한 효과를 "역합병을 통한 debt push-down"이라고 한다.

마지막으로 차입매수(leveraged buy-out, LBO)형 인수금융이 있다. 이는 인수자가 금융기관으로부터 인수 자금을 차입할 때 대상회사가 보유한 자산(부동산 혹은 유가증권 등)을 금융기관에게 담보로 제공하고, 그 자금으로 대상회사의 주식을 취득하는 형태이다. 채무자는 인수자가 되는 반면에 담보제공자는 대상회사가 되는 특징을 가진다. 이러한 형태는 대상회사에게 부당한 손해를 입힐 우려가 있으므로, 대상회사에게 담보 제공에 대한 적절한 대가가 주어지지 않을 경우 배임죄가 성립할 수 있음을 주의해야 한다.

이와 같이 업계에서는 실제로 다양한 형태의 인수금융이 활용되고 있으므로, 성공적인 M&A를 하기 위해서는 그 구조설정 단계부터 당해 프로젝트에 가장 적합한 형태의 인수금융을 잘 고안하여 사용할 필요가 있다.

Chapter 16

비상장주식이 뭐길래

• • •

비상장주식이란 증권거래소, 즉 유가증권시장이나 코스닥시장에 상장되지 아니한 주식을 말한다. 투자자들은 고위험 고수익을 좇아 비상장주식 거래에 뛰어드는 경우가 많으나 정확한 정보 없이 묻지마식 투자를 하다가 실패하는 경우가 많다. 비상장주식의 가치평가를 위한 여러 방식 중 업무상 배임죄 등 형사사건에서 법원이 선호하는 방식은 델라웨어 블록 방식이다.

몇해 전 소위 "청담동 주식부자"로 알려진 이희진이라는 사람의 주식 사기극으로 세상이 시끄러웠다. 그는 금융위원회로부터 자본시장법상의 금융투자업 인가도 받지 않고 미라클 인베스트먼트라는 투자자문사를 설립해 2014년 7월부터 2016년 8월까지 1,670억원 가량의 불법 주식매매를 하였다고 한다. 또한 2015년 1월부터 2016년 2월까지 비상장주식에 대한 성장 가능성·전망 등을 방송에서 거짓 포장해 이야기하고, 이에 속아서 찾아온 투자자들에게 미리 자기가 보유하고 있던 비상장주식을 비싸게 팔아 150억원 정도의 부당이득을 취한 혐의를 받고 있다. 또한 2016년 2월부터 8월까지는 투자원금을 보장하고 수익도 올려주겠다고 약속하고 투자자들로부터 220억원을 끌어 모은 혐의도 받고 있다.

그는 증권관련 케이블 방송에 출연해 자신을 "주식을 통해 자수성가한 사업가"라고 소개하고, 케이블 방송의 예능 프로그램에도 출연하여 신뢰도를 높였다. 또한 블로그나 소셜 네트워크 서비스(SNS)를 통해 수영장이 딸린 청담동 고급 빌라와 부가티 베이론과 람보르기니, 롤스로이스 등 고가의 외제차 사진을 게시하는 등 재력을 과시하면서 더욱 유명해졌다. 대다수의 피해자는 방송에서 그를 보고 그가 운영하는 투자자문사에 회원가입을 했다. 피해자들은 "문제가 되면 2배로 보상하겠다"는 이희진의 말에 속아 투자한 것으로 전해졌다.

비상장주식에 대한 일반인의 인식 부족이 사기극의 원인 중 하나

이희진이 이러한 사기극을 펼칠 수 있었던 데에는 여러 가지 원인이 있을 것이다. 그런데 필자는 비상장주식에 대한 일반인의 인식 부족이 크게 한 몫을 했다고 본다. 비상장주식 또는 장외주식이란 증권거래소, 즉 유가증권시장이나 코스닥시장에 상장되지 아니한 주식을 말한다. 따라서 거래가 매우 제한적이고, 시가가 형성되어 있지 않다. 비상장주식 중에는 매우 우량하고 수익을 많이 올리는 기업의 주식도 있지만, 대부분은 아직 창립 초기의 스타트업(start-up) 단계에 있는 기업인 경우가 많다. 이러한 스타트업 기업들은 대규모 자산을 가지고 있지도 못하고 영업이익을 내는 경우도 드물다. 다만 미래의 성장 가능성만을 보고 주식이 거래되는 것이다.

우리나라에는 공식적인 비상장주식 전용 시장인 K-OTC(Korea over-the-counter)가 있다. 이는 금융투자협회가 운영하던 비상장주식 장외 매매시장인 "프리보드"를 확대 개편한 것으로 2014년 8월 25일 개장했다. K-OTC 시장에서 매매하기 위해서 투자자는 증권사에서 증권계좌를 개설하고 전화, 컴퓨터(HTS) 등을 이용해 매매주문을 내면 된다. 증권계좌를 보유하고 있는 경우에는 해당 계좌를 이용할 수 있다. 다만 투자자는 증권사가 고지하는 비상장주식 투자위험성 등 유의사항을 확인해야 주문을 할 수 있다.

그러나 이번 사기극에서 드러났듯이 많은 투자자들이 K-OTC를 외면하고 무허가 사설 비상장주식 거래사이트에 몰려들고 있다. K-OTC의 2015년 거래규모는 약 2,000억원으로 6조원 안팎으로 추산되는 전체 비상장주식 거래시장 규모의 3% 남짓에 불과한 상황이다.

이는 세금과 거래종목의 수 때문이다. 비상장주식은 시세차익에 대하여 10%의 양도소득세를 내야 한다. 반면에 상장주식은 주식시장 활성화 차원에서 양도소득세가 면제되고 있다. 그래서 투자자들은 매매기록이 남지 않는 사설사이트를 선호하게 된다. 또한 거래 가능한 종목의 수에 있어서도 K-OTC는 현재 137개 정도에 불과하다. 1만 개 안팎의 기업이 거래되는 것으로 알려진 전체 비상장시장 종목 수의 1% 남짓에만 투자가 가능한 셈이다. 이와 같이 K-OTC 거래 가능 기업의 수가 제한적인 것은 현재 매출과 관련된 규제가 존재하기 때문이다. 즉 공모 실적(50인 이상을 대상으로 한 신주 발행 및 구주 매출)이 있는 법인에 한해서만 K-OTC 시장에서 거래가 가능하다.

사정이 이렇다 보니 K-OTC 시장에서 거래되는 137개사의 비상장주식을 제외한 나머지 비상장기업들의 기업정보는 개인 각자의 능력으로 파악해 볼 수밖에 없다. 정보력이 약한 개인들은 결국 지인을 통해 회사 정보를 듣거나 불법 브로커에게 의존하게 된다. "흙수저 출신 자수성가"로 포장한 "청담동 주식부자" 같은 사기꾼이 판칠 수 있는 여지가 그래서 발생한다.

이희진에게 속은 피해자들도 그가 추천하는 비상장주식을 사 두면 장차 기업이 크게 성장하거나 상장이 된 후 큰 자본차익(capital gain)을 올릴 수 있다는 거짓말에 현혹되었을 것이다. 하지만 실제로 그렇게 되는 경우는 극히 드물다는 것이 함정이다. 고수익에 눈이 멀어 쪽박을 찬 경우이다.

비상장주식의 가치평가를 위한 다양한 방법이 존재

그렇다면 거래소에서의 시가가 없는 비상장주식은 어떻게 가격을 매겨서 거래가 이루어질까? 이는 비상장주식의 가치평가(valuation)의 문제이다. 다양한 방법이 소개되고 있지만 여기에서는 가장 중요한 방법 몇 가지만 살펴보기로 하자.

우선 기본이 되는 방식은 세법상의 방식이다. 상속세 및 증여세법(이하 "상증세법"이라 한다)에서는 시가가 없는 비상장주식을 위한 보충적 평가방법을 마련해 두고 있다. 이는 국가의 과세목적을 달성하기 위한 수단으로 규정된 것이다. 이 방법을 이용할 경우 순

손익가치와 순자산가치를 각각 3과 2의 비율로 가중평균하여 주식의 가치를 산정케 된다. 순손익가치를 구함에 있어서는 불확정수치인 미래의 현금흐름을 추정하지 않고, 과거 3년간의 순손익액의 가중평균치를 사용한다. 한편 순자산가치는 상증세법에 의하여 각각 평가한 순자산가액을 발행주식 총수로 나누어 구하도록 하고 있다.

두번째는 감정에 의한 평가방법이다. 실무적으로 회계법인들에 의하여 이루어지는 비상장주식 가치에 대한 감정에서는 수익가치 평가법의 일종인 현금흐름할인법(discounted cash flow method, DCF법)이 압도적으로 많이 사용되고 있다. 주식의 가치는 의결권과 현금흐름권의 가치의 총합이라는 전제 하에, 주식으로부터 나오는 미래의 현금흐름(배당금이 이에 해당할 것이다)을 현재가치로 환가하여 주식의 가치를 산정하게 된다.

마지막으로 중요한 방법이 델라웨어 블록 방식(Delaware Block Approach)이다. 이는 미국 델라웨어 주 법원에 의하여 채택된 데에서 그 이름의 유래를 찾을 수 있는데, 기본적으로 기업의 자산가치, 수익가치, 시장가치의 세 요소를 적절히 가중평균하여 주식가치를 평가하는 방식이다. 이 때 자산가치는 회사의 보유자산을 시가로 평가한 후 부채를 공제하여 계산한다. 수익가치는 회사의 수익력을 측정하는 것으로서 통상 과거 5년간의 평균수익을 기준으로 산출한다. 시장가치는 거래가 활발하게 이루어지는 주식인 경우에는 일정 기간 동안의 거래가격에서 외부요소를 제거하는 방식으로 평가하고, 이러한 거래가 없는 주식의 경우에는 가상시장에서의 거래가격을 추정하는 방식으로 평가한다.

대기업들도 비상장주식 가치평가를 잘못하여 배임죄로 처벌받은 사례가 다수

과거 기업들은 경영권승계나 기업지배구조 재편을 위한 계열사간 또는 특수관계인간의 비상장주식 거래시 상증세법에 의한 보충적 평가방법을 간편하다는 이유로 많이 사용하였다. 그러나 검찰과 법원에 의하여 이러한 관행에 제동이 걸렸다. 상증세법에 의한 평가방법은 기업의 실제 거래가치를 적절히 반영하지 못한다는 이유로 거래를 주도한 기업의 임원들이 업무상 배임죄로 처벌

받거나 손해배상책임을 부담하는 사례가 많아졌다. SK그룹의 워커힐 주식 거래, 삼성그룹의 삼성SDS 신주인수권부사채 거래, LG그룹의 LG석유화학 주식 거래 등이 대표적이다.

이들 사례에서 법원은 주로 델라웨어 블록 방식을 원용하여 주식의 가치를 평가한 후 이를 토대로 정당한 주가와 실제 거래가격과의 차액만큼 회사에 손해가 발생하였다고 판단하였다. 법원의 업무상 배임죄 판결 경향을 살펴보면 현금흐름할인법은 대체로 기피하고 있음을 알 수 있다. 왜냐하면 현금흐름할인법은 그 이론적 우수성에도 불구하고 미래현금흐름 예상액, 할인율 등에 대한 평가자의 주관적 가정 여하에 따라 결과가 천차만별로 달라질 수 있어 법적 안정성을 해칠 수 있기 때문이다.

실제로 비상장주식의 가치 평가에 있어서 현금흐름할인법이 적용되어 치열한 법적 공방을 벌였던 사례가 한화그룹 김승연 회장 등이 업무상 배임죄로 기소되었던 한화 S&C 사례이다. 이 사건에서 현금흐름할인법을 적용하여 계산한 한화 S&C의 주식가치는 삼일회계법인 4,614원, 검찰 229,903원, 법원 27,517원이었다. 과연 누구의 평가가 정당한 것일까? 이 사건에 대해서는 이 책의 Chapter 07에서 살펴본 바 있다.

Chapter 17

자본시장과 투자자 보호

• • •

과거 자본시장에 대한 규제가 미약하였을 때에는 정보의 비대칭성을 이용한 시세조종이나 내부자거래 등의 불공정거래가 만연하였다. 하지만 오늘날 대부분 선진국의 자본시장 체제하에서는 공정성 확립과 투자자 보호를 위한 강력한 제도가 마련되어 이와 같은 불공정거래가 엄격히 규제되고 있다.

자본주의 체제를 택하고 있는 오늘날의 대부분의 국가에서 자본시장의 역할은 국가경제의 건전한 발전을 위하여 매우 중요하다. 우리나라의 자본시장과 금융투자업에 관한 법률(약칭 "자본시장법"이라 한다)을 비롯하여 미국의 1933년법(증권법)과 1934년법(증권거래법) 등 각국의 자본시장 규제법은 모두 불공평하고 불공정한 거래 관행을 방지하고 투자자를 보호함으로써 공정하고 질서있는 시장을 유지하는 것을 그 기본 정신으로 하고 있다. 이와 같이 오늘날의 자본시장 규제법에서는 공정성에 기반한 투자자 보호가 너무나 당연시되고 있지만, 자본주의 시장경제의 초창기에는 이러한 자본시장 규제 체계가 제대로 작동하지 않았고, 그로 인하여 많은 선량한 투자자들이 피해를 보는 일이 속출하였다.

잘 알려진 이야기 하나를 소개해 보자. 세계 자본시장을 주름잡고 있는 영국의 로스차일드 가문이 어떠한 방법으로 오늘날과 같은 거대한 부를 축적했는지에 대한 흥미로운 일화이다.

200년 전 로스차일드 가문의 투자성공 일화

1815년 6월 20일, 런던 증권거래소에서는 투자 역사상 가장 극적인 사건이 일어났다. 개장과 더불어 투자자들은 이른바 '로스차일드의 기둥'을 뚫어져라 쳐다보았다. 정보가 빠르다고 알려진 로스차일드 가문의 네이선(Nathan Rothschild)은 주식이나 채권을 사고 팔 때 늘 기둥에 기대어 결정하는 버릇이 있었기 때문이다. 투자자들이 주목했던 정보는 당시 유럽 전체의 패권을 놓고 네덜란드 워털루(현재는 벨기에 영토)에서 벌어진 영국과 프랑스 간의 전투의 결과였다. 워털루 전투 직전 엘바 섬을 탈출하여 다시 세력을 회복한 프랑스의 영웅 나폴레옹과 영국의 웰링턴 장군이 이끄는 영국·프로이센 연합군 간의 세기의 전투 결과는 모두가 알다시피 영국 연합군 측의 승리였다. 그러나 당시에는 요즘과 같이 정보의 전달 속도가 빠르지 않았다.

그래서 이틀 전인 6월 18일 벌어진 전투의 결과를 당시 런던의 투자자들은 아직 알지 못하고 있었다. 투자자들에게 알려진 정보는 거의 없었다. 전투가 벌어지기 하루 전인 6월 17일 토요일 전해진 '프랑스 대군이 싸움터로 향하고 있다'는 소식이 가장 최신 뉴스였다. 한편 영국이 불리하다는 소문도 돌았다. 누가 이기느냐에 따라 영국과 프랑스의 대외 신뢰도와 국채 가격이 크게 변동할 것이 분명한 상황이었다.

그때 모든 투자자들의 주목을 받던 네이선 로스차일드는 보유하고 있던 영국 공채를 대거 내다 팔았다. 투자자들은 이를 보고 정보가 빠른 로스차일드가 영국의 패배 소식을 알고 영국 공채의 투매에 나선 것으로 판단하였다. 시장의 모든 투자자들이 영국 공채의 투매 대열에 합류하였다. 순식간에 액면가 100파운드짜리 공채 가격은 5파운드까지 급락하였다.

하지만 시장이 공포에 젖어 영국 공채를 내던지는 상황에서 네이선 로스차일드는 대리인들을 풀어 비밀리에 헐값에 이를 사들였다. 사실은 로스차일드는 영국의 승리 소식을 그 누구보다도 먼저 알고 있었던 것이다. 웰링턴 장군의 부하가 말 달리고 배를 타

고 런던 육군 본부에 도착하여 영국군의 공식 승전 보고를 전한 시각이 6월 20일 밤 11시였던 반면, 비둘기 통신과 쾌속 요트를 이용한 사설 정보망을 통하여 로스차일드가 승전 소식을 알게 된 것은 최소한 30시간 전이었다. 공채 가격이 30 파운드 이하면 매수하라는 지시를 받았던 로스차일드의 비밀 대리인들은 헐값으로 떨어진 공채를 사 모았다.

다음날 런던의 신문들은 일제히 영국군 대승과 나폴레옹 몰락을 대서특필했다. 폭락했던 영국 공채 가격은 단번에 급등하였다. 전 재산을 털어 영국 공채를 대거 사들였던 네이선 로스차일드는 이 한 번의 거래로 유럽 제일의 금융가문으로 발돋움하기에 충분한 이익을 얻었다. 로스차일드 가문은 이 거래에 당시 5,000만 파운드를 투입해서 2억 3,000만 파운드의 이익을 보았다고 추정되며 현재 가치로는 약 20조원에 해당한다고 한다.

공정성 확립과 투자자 보호가 자본시장 규제의 핵심

이와 같이 네이선 로스차일드가 영국 공채를 미끼 삼아 런던의 투자자 전체를 바보로 만들며 홀로 거대한 부를 쌓았다는 위 일화의 진위 여부는 확실치 않다. 다만 우리에게 주는 시사점은 분명히 있다. 오늘날 자본시장 규제법의 시각으로 보면 이러한 행위는 분명히 불공정한 행위이다. 로스차일드는 시장에 아직 알려지지 않은 미공개 정보를 이용하여 증권의 시세조종을 함으로써 막대한 돈을 벌었다.

현행법에 의한다면, 로스차일드는 시세조종, 불공정거래행위 또는 시장에 대한 사기 등을 이유로, 그가 얻은 이익의 몇 배를 물어 내고 형사처벌까지 받을 수도 있다. 오늘날과 같이 전세계의 정보가 인터넷을 통하여 실시간으로 공유되는 시대에는 이러한 거래 자체가 불가능할 것이다. 위 일화에서도 알 수 있듯이 자본시장 규제의 핵심은 바로 공정성 확립과 투자자 보호이며, 이를 위해서는 반드시 정보의 정확하고 투명한 공시가 선행되어야 한다.

오늘날 각국의 자본시장 규제는 발행시장에 대한 규제와 유통시장에 대한 규제로 나누어진다. 발행시장은 기업이 발행하는 증권을 투자자가 취득하는 시장(primary market)이고, 유통시장은 이미 투자자가 취득한 증권을 투자자 사이에서 거래하는 시장(secondary market)이다. 그런데 위에서 본 바와 같이 자본시장 규제의 핵심은 공정성 확립과 투자자 보호이며, 이를 위해 각국의 자본시장에서는 예외 없이 공시제도를 채택하고 있다. 이는 증권의 발행인이 투자자의 투자판단에 필요한 정보를 신속 정확하게 시장에 제공하도록 함으로써 투자자가 정확한 정보에 근거하여 투자결정을 하도록 하기 위한 것이다. 발행시장에서는 증권신고서 및 투자설명서 등을 통해 증권의 내용 및 증권의 발행인(기업)에 대한 정보가 공시되고 있고, 유통시장에서는 정기공시(사업보고서, 분기보고서, 반기보고서) 및 수시공시(주요사항보고서, 거래소시장공시)를 통해 증권의 발행인(기업)에 대한 정보가 공시되고 있다.

발행시장과 유통시장 모두 공시제도가 중요

우리나라의 경우 발행시장에서는 신주의 모집가액 또는 구주의 매출가액이 10억원 이상인 주식 등 증권의 모집 또는 매출행위를 하기 위해서는 반드시 발행인이 금융위원회에 증권신고서 및 투자설명서를 제출하여야 한다. 증권신고서 심사의 목표는 충분한 공시(full disclosure)가 되었는지 여부이지, 증권신고서 제출 기업의 우량/부실 여부가 아니다. 제출 기업의 우량/부실 여부는 시장이 판단하게 될 것이다.

만약 증권신고서와 투자설명서 중 중요사항에 관하여 거짓의 기재가 있거나 중요사항이 누락됨으로써 증권의 취득자가 손해를 입은 경우에는 그 책임 있는 자들이 손해배상의무를 부담한다. 여기에서 책임 있는 자들이란, 증권신고서의 신고인 및 신고 당시의 발행인의 이사, 증권신고서의 기재사항이 정확하다고 증명하여 서명한 공인회계사 · 감정인 · 신용평가인, 증권의 인수인(증권회사), 투자설명서를 작성하거나 교부한 자, 매출되는 증권의 소유자(기존 대주주) 등을 말한다. 다만 배상의 책임을 질 자가 "상당한 주의"(due diligence)를 하였음에도 불구하고 이를 알 수 없었음을 증명하거나(무과실의 항변) 그 증권의 취득자가 취득의 청약을 할 때에 그 사실을 안 경우(악의의 항변)에는 배상의 책임을 면하게 된다.

한편 유통시장 규제의 핵심은 불공정거래에 대한 규제이며, 구체적으로는 내부자거래의 금지, 시세조종행위의 금지, 부정거래행위의 금지 등 규제가 이루어지고 있다. 자본시장법은 이러한 불공정거래행위가 있을 경우 그 책임 있는 자들에 대하여 민사상 손

Due diligence의 사전적 의미는 상당한 주의의무를 다하는 것이다. 선량한 관리자의 주의의무(선관주의의무)라고 번역할 수도 있다. 그러나 통상적으로 비즈니스 세계에서는 기업의 상장(IPO)이나 인수합병(M&A) 거래시 최종 의사결정을 하기 전에 대상 기업의 재무적·영업적·법률적 현황에 대한 조사를 함으로써 의사결정에 도움을 주기 위한 실사 과정을 의미한다. Due diligence란, 이와 같이 상당한 주의를 기울여 실사를 함으로써 정확한 정보를 획득 및 보고하게 되면 법률적 책임을 면하게 된다고 하는 자본시장 규제 제도에서 연혁적으로 유래하여 업계에서 널리 쓰이게 된 용어이다.

해배상책임을 부과하고 있을 뿐만 아니라 강력한 형사처벌 제도까지 마련하고 있다. 물론 투자자 보호를 위한 조치들이다. 이와 같은 강력한 자본시장 규제로 인하여, 오늘날에는 과거 워털루 전투 당시 로스차일드 가문의 신화 같은 것은 다시 등장하기 어려운 것이다.

Chapter 18

기업의 증권상장 제도

• • •

기업이 외부 자금을 조달하여 계속 성장하기 위해서는 자본시장에서의 주식 상장이 필수적이다. 우리나라에서는 자본시장법에 의하여 설립된 한국거래소가 주식의 상장 및 유통에 대한 관리 책임을 맡아서 운영되고 있다. 한국거래소에의 상장을 위해서는 매우 까다로운 요건을 갖춘 후 복잡한 절차를 통과하여야만 한다.

기업이 설립되어 발전하기 위해서는 자체적인 자금 조달만으로는 부족할 수밖에 없다. 따라서 기업이 어느 정도 성장하게 되면 외부의 투자자로부터 자금을 수혈받는 것을 모색하게 된다. 이 때 처음에는 소수의 전문 투자자 그룹이 높은 위험성을 감수하고 투자하는 경우가 많다. 사모투자펀드(PEF) 등이 이러한 역할을 담당한다. 하지만 기업의 규모가 더욱 커지고 안정적인 경영기반을 닦게 되어 매출액과 수익성도 높아지게 되면, 일반 투자자들에게도 문호를 개방할 수 있게 된다. 이 때 기업은 그 주식의 상장을 통하여 일반 투자자로부터 자금을 조달하여 더욱 큰 기업으로 성장할 수 있는 기회를 잡을 수 있다. 상장(listing)이란 이와 같이 기업이 발행한 증권(특히 주식)이 한국거래소가 정하는 일정한 요건을 충족하여 유가증권시장, 코스닥시장 또는 코넥스시장에서 거래될 수 있는 자격을 부여하는 것을 말한다.

상장과 기업공개는 개념상 구분됨

상장과 개념상 구분이 필요한 것이 기업공개(going public)이다. 이는 기업이 공모(모집·매출)를 통하여 일반 대중에게 발행주식을 분산시키고 기업의 재무내용 등 기업의 실체를 알리는 것으로 엄밀히 말하면 상장 이전의 단계이다. 즉 일반적으로 기업공개는 개인이나 가족 등 소수의 주주에 의해 폐쇄적으로 경영되던 기업의 주식을 다수의 대중에게 분산하는 것이라고 할 수 있다. 기업의 입장에서 최초로 실시하는 기업공개를 특히 IPO(initial public offering)라고 지칭한다. 기업공개를 위해서는 금융위원회에 증권신고서 및 예비투자설명서를 제출하여야 하고, 이는 발행시장(primary market) 규제에 속한다.

반면에 상장은 거래소가 상장 기준을 충족하는 증권에 대하여 유가증권시장에서 집단적·대량적으로 매매거래될 수 있도록 승인하는 행위이다. 따라서 이에 대한 규제는 유통시장(secondary market) 규제에 속한다.

투자자의 입장에서는 상장된 주식이 자유롭게 유통되어 투자자가 투자자금을 신속히 아무 때나 회수할 수 있는 기회가 부여되는 것이 필수적이다. 따라서 거래소시장을 대표로 하는 유통시장의 존재는 발행시장의 성립과 발전에 필수 조건이라 할 수 있다. 이처럼 증권이 거래소시장의 매매거래 대상이 되는 자격을 부여받는 것이 바로 상장이다. 증권을 상장한 기업은 대외적 신용 및 지명도가 제고되고, 유통시장을 통한 자금조달의 기회가 많아지게 되므로 기업의 성장에 있어서 거래소시장에의 상장은 큰 의미를 가지고 있다.

우리나라에는 "한국거래소"라는 이름으로 단일의 증권거래소가 설립되어 있고(자본시장과 금융투자업에 관한 법률 제373조), 동 거래소는 유가증권시장, 코스닥시장, 코넥스시장 그리고 파생상품시장을 운영하고 있다.

코넥스 시장(KONEX: Korea New Exchange)

코넥스시장은 2013. 7. 1. 개장하였고, 코스닥시장 상장요건을 충족시키지 못하는 벤처기업과 중소기업이 상장할 수 있도록 개설된 중소기업 전용 주식시장이다. 코넥스시장의 특징은 상장예정법인 및 상장법인에 대하여 상장 지원, 공시업무 자문, 사업보고서 작성 지원 등의 역할을 수행하는 "지정자문인" 제도를 두고 있다는 것이며, 거래소가 선정한 금융투자업자들이 이를 맡고 있다.

위 시장들에는 전통적 증권인 주권, 채권 외에도 최근에는 각종 파생금융상품(선물, 옵션, ELS, ELW, ETF 등)이 상장되어 거래되고 있는데, 통상 "상장"이라고 하면 주권의 상장을 의미한다.

대법원 판례에 의하면, 유가증권의 상장을 희망하는 발행회사와 한국거래소 사이에 체결되는 상장계약은 사법(私法)상의 계약이다. 따라서 한국거래소가 정한 상장규정의 특정 조항이 비례의

원칙이나 형평의 원칙에 현저히 어긋남으로써 정의관념에 반한다
거나 다른 법률이 보장하는 상장법인의 권리를 지나치게 제약함
으로써 그 법률의 입법 목적이나 취지에 반하는 내용을 담고 있다
면 그 조항은 위법하여 무효가 된다고 한다.

상장을 위해서는 예비심사 및 공모 과정이 필수

　기업이 한국거래소에 상장을 신청하게 되면 신규상장 절차가 시
작된다. 신규상장은 기업의 주권이 증권시장에서 거래될 수 있는
최초의 자격을 부여받는 과정이므로 엄격한 절차를 거친다. 신규상
장은 ① 대표주관회사의 사전준비과정과 ② 거래소의 상장예비심
사를 거쳐 ③ 공모 후 ④ 거래소에 상장되는 절차에 따라 진행된다.

　거래소에서는 상장신청을 받게 되면 우선 상장예비심사를 진행
한다. 그리고 상장예비심사가 승인되면 공모를 거쳐 주권이 거래
소에 상장된다. 공모 과정은 대표주관회사의 주도하에 진행되며,
거래소에 공모 일정 등 진행상황을 통지한다. 공모 과정에서는
① 증권신고서 및 예비투자설명서의 제출(금융위원회) 및 효력 발
생, ② 기업설명회(IR, investor relations) 개최, ③ 수요예측(book
building) 실시, ④ 최종 공모 가격 결정, ⑤ 청약과 배정의 절차를
거친다.

　기업설명회(IR)는 주주, 투자자, 애널리스트 등에게 회사의 사업
내용, 경영전략, 장래 비전 등에 관한 정보를 제공함으로써 기업
의 이미지를 향상시키고 시장으로부터 적절한 평가를 받기 위해

실시하게 된다. 상장 이후에도 주식시장과 회사와의 신뢰관계를 구축 및 유지해 나가기 위해서는 정기적으로 IR을 개최하는 것이 바람직하다. 일반적으로 기업공개 및 신규상장과 관련하여 실시하는 IR은 증권신고서 효력발생 이후 수요예측 실시 전까지 약 1주간 동안 집중적으로 하게 되는데, IR은 그 규모에 따라 1:1 IR, 소규모 IR, 대규모 IR 등으로 구분할 수 있다. 1:1 IR은 국내외 대형 자산운용회사, 투자신탁회사 등 약 10여 개 대형 기관투자자를 개별 방문하여 실시하는 IR을 말하고, 소규모 IR은 중소형 기관투자자, 은행, 투자매매업자, 투자중개업자, 보험회사 및 업종 애널리스트 등을 대상으로 실시하는 IR을, 대규모 IR은 일반투자자 등

불특정다수인을 대상으로 실시하는 IR을 말한다.

한편 '수요예측'이란 주식을 공모함에 있어 인수가격을 결정하기 위하여 대표주관회사가 발행주식의 공모희망가격(band)을 제시하고 그에 대한 수요 상황(가격 및 수량)을 파악하는 과정을 말한다. 수요예측은 공모주식 중 우리사주조합 배정분과 일반청약자 배정분을 제외한 기관투자자 배정분을 대상으로 실시하며, 금융투자협회의 "증권인수업무 등에 관한 규정"에서 정하는 기관투자자가 수요예측에 참여할 수 있다. 기관투자자는 일반투자자에 비해 정보수집력과 분석능력이 우수하므로 대표주관회사가 제시한 공모희망가격의 적정성을 일반투자자를 대신하여 검증할 수 있기 때문이다. 수요예측 후 발행회사의 주식가치에 대한 시장의 반응을 반영하여 최종 공모가격을 결정하고, 청약과 배정의 절차를 거치게 된다.

공모를 마친 기업은 신규상장신청서를 거래소에 제출한다. 거래소는 주식분산요건 등 상장예비심사시 확인되지 않은 사항과 명의개서대행계약체결 여부, 주금납입 여부 등을 확인한다. 또한 신규상장심사 시점을 기준으로 상장요건 충족 여부를 다시 검토한다. 상장신청인의 영업·경영환경 등에 중대한 변화가 발생하지 않았다면 공모를 통한 주식분산요건 충족 여부만 추가로 확인하고 있다. 거래소는 신규상장신청서를 접수한 후 지체 없이 그 승인 여부를 신규상장 신청기업 및 관계기관에게 통보하고 있다.

형식적, 실질적 요건을 모두 갖추어야 상장이 가능

한국거래소의 상장심사요건은 형식적 심사요건과 실질적 심사요건으로 나누어진다. 형식적 심사요건은 영업활동기간, 기업의 규모, 주식의 분산 정도, 매출액과 수익성, 감사의견, 기업지배구조 등을 살펴서 상장에 적합한 기업인지 여부를 따져 보는 것이다. 그러나 형식적 심사요건만으로 상장심사를 할 경우 선의의 투자자가 불의의 피해를 볼 수 있으므로, 한국거래소는 공익 실현과 투자자 보호를 위하여 기업의 계속성, 경영투명성, 투자안정성 등 실질적 요건을 추가로 심사하고 있다.

상장을 원하는 기업은 이와 같이 까다로운 요건과 복잡한 절차를 모두 거쳐야만 비로소 상장에 성공할 수 있다. 그리고 이와 같은 규제를 하는 이유는 당연히 "투자자 보호"라는 자본시장에서의 최우선적 목표를 달성하기 위함임은 말할 필요도 없다.

Chapter 19

자발적인 상장폐지와 소액주주의 보호

• • •

상장기업이라도 상장유지에 따른 제반 비용과 부정적 효과를 없애기 위하여 스스로 상장폐지를 결정하는 경우가 있다. 이 때 소액주주들은 타의에 의하여 상장기업으로부터 축출되는 효과가 발생한다. 이러한 소액주주의 권리 보호를 위한 사법적 절차 마련이 필요하다.

상당수 기업들이 상장을 원하고 있는 반면 상장기업이라 하더라도 주식시장에서 퇴출되어 다시 비공개기업으로 변경되는 경우도 있다. 상장기업이 거래소시장의 거래대상으로서의 적격을 상실하게 되면 거래소는 이를 거래대상에서 배제시키는 조치를 취하게 되는데, 이를 상장폐지(delisting)라고 한다.

이러한 상장폐지는 대부분 발행회사의 의사와 관계없이 일정한 요건 충족시 거래소에 의하여 강제적으로 행하여지지만, 발행회사의 신청에 따라 자발적으로 행하여지는 경우도 존재한다.

자발적 상장폐지를 하는 여러 이유 존재

어떠한 경우에 발행회사는 자발적으로 상장폐지를 신청할까? 상장을 하게 되면 대부분의 기업은 주식의 시장성이 높아지고 유동성이 증가하여 거래비용이 감소하므로 결과적으로 기업가치가 증대되는 효과가 있다. 그러나 어느 회사가 주식시장의 가격변동을 적극적으로 주도하지 못하거나, 회사의 주식가치가 시장에서 다른 주식에 비하여 상대적으로 낮게 평가되는 경우가 있다면, 그러한 회사는 자금조달과정에서 높은 자본조달비용에 비하여 상대적으로 기대 이하의 부진한 결과가 예상된다. 이러한 회사의 주식은 자연스럽게 유동성의 문제를 가지게 되고 가격이 급락할 우려가 있다. 따라서 미래 전망이 좋지 않은 회사는 시장평가에 따른 기업가치의 하락을 우려하여 상장폐지를 고려하게 된다.

또한 상장기업의 경우 주식소유가 널리 분산되어 있어 경영에 적극적인 대주주에 의한 효율적인 경영통제가 쉽지 않다. 그러나 대주주 외의 주주가 경영에 소극적인 소액주주 또는 기업경영에 간섭 가능성이 없는 펀드형 주주로 구성되어 있고, 자금이 풍부하여 외부로부터의 자금조달 필요성을 느끼지 않는 상장기업은 효율적인 경영통제를 통하여 고유이익을 강력하게 추구하기 위하여 상장폐지를 고려하게 된다.

한편으로 주식소유가 분산되어 있는 상장기업의 주식이 낮은 가격을 형성하고 있다면 그 회사는 적대적 M&A의 위험이 상존하게 된다. 따라서 경영권을 방어하고 안정적으로 유지하기 위해서 회사는 상장을 포기하고 주식양도의 가능성을 제한할 수 있는 폐쇄

소액주주

회사로의 전환을 고려하게 된다.

그밖에도 상장폐지를 하게 되면 회사는 주가 및 주주관리에 드는 상당한 비용을 절감할 수 있게 된다. 상장을 유지하게 되면 회사는 주가를 관리하기 위해 자사주를 매입하고 주주의 환심을 사기 위해 배당률을 높이는 데 많은 비용을 쓰게 되는데, 상장폐지를 함으로써 이러한 비용을 절감할 수 있는 것이다. 또한 상장기업은 다수의 주주를 관리하기 위하여 주식발행비용, 명의개서비용, 주주총회 소집비용 등을 지출하게 되는데, 상장폐지를 하면 그러한 비용을 많이 줄일 수 있게 된다. 그리고 상장기업은 투명한 경영 및 투자자 보호를 위하여 증권시장에 적시에 필요한 정보를 제공해야 하는 공시의무를 부담하게 되는데, 회사는 공시의무를 이행하기 위하여 공시업무를 담당하는 전담직원을 배치하는 등 상당한 비용과 노력을 투입해야 한다. 상장폐지를 하게 되면 회사는 이러한 공시의무 이행의 부담으로부터도 벗어날 수 있게 된다.

자진상장폐지를 하는 회사 중에는 선박투자, 부동산투자 등의 특수목적을 가지고 일반 공모 투자자를 모집하여 특수목적회사(special purpose company) 형태로 설립되었다가 그 투자목적을 달성한 후 유상감자를 통해 일반 공모 투자자에게 자본금을 전액 환급함으로써 상장의 실익이 소멸되어 상장폐지를 결정하는 경우도 있다. 이러한 특수한 경우를 제외하고, 우리나라 주식시장에서 자진상장폐지를 한 회사는 그리 많지 않다.

지난 20년간 우리나라에서 자진상장폐지를 한 주요 회사들의 현황을 살펴 보면, 이런 회사들은 대부분 기존 대주주나 M&A 이후 새로 경영권을 갖게 된 대주주가 경영전략상 공개매수 등의 방

포괄적 주식교환

주식의 포괄적 교환은 회사간의 주식교환계약을 통해 자회사가 되는 회사의 발행주식총수를 지주회사가 되는 회사로 전부 이전하고 자회사가 되는 회사의 주주들은 지주회사가 되는 회사가 발행하는 신주를 배정받아 지주회사로 전환할 수 있는 상법상의 제도이다. 이를 위해서는 주주총회의 특별결의(출석주주 의결권 2/3 이상 및 발행주식총수 1/3 이상)에 의한 승인이 필요하다. 포괄적 주식교환 제도는 완전지주회사 설립 및 완전자회사 편입을 신속 · 간소화하기 위하여 2000년 금융지주회사법 제정시 도입되었고, 그 후 2001년 상법에 규정됨으로써 일반회사도 이용 가능한 제도가 되었다.

법으로 지분을 대부분 매집한 후 상장폐지 신청을 하고 있음을 알 수 있다. 특히 외국인 대주주가 풍부한 자금력을 바탕으로 자진상장폐지를 신청하는 경우가 많은 것도 특징이다. 최근에는 하나금융지주가 한국외환은행을 상장폐지할 때처럼, 모회사가 포괄적 주식교환의 방법으로 자회사의 주식을 100% 취득한 후 상장폐지를 하는 사례들도 나타나고 있다.

자진상장폐지로 인한 소액주주 축출의 문제 발생

상장기업의 경우 외부주주들에게 주식이 광범위하게 분산되어 있고, 그 주식은 하나의 투자수단으로 일반인들이 쉽게 주식시장에서 거래를 할 수 있는 환금성이 보장되어 있다. 그런데 이러한 상장기업이 주식시장에서 퇴출된다면 일반 투자자들로서는 자신의 주식에 대한 환금성을 잃게 되어 큰 낭패를 보게 된다. 물론 비공개된다고 해도 배당 등 주주의 기본적인 권리와 이익참여가 보장되지만, 환금성을 일차적으로 우선시하는 일반투자자들에게는 주식시장에서의 퇴출이 가장 큰 재앙이라고 할 수 있다. 이러한 점 때문에 상장기업이 상장폐지를 결정하게 되면 대부분의 소액주주는 그 회사를 떠나는 것을 고려하게 된다.

그러므로 상장기업이 상장을 자진하여 폐지하는 것은 사실상 대주주 외의 소액주주들을 축출하겠다는 의사표시라 할 수 있다. 자진상장폐지를 위하여 대주주는 공개매수나 장내매수를 통하여 지분을 매집하고, 주식분산요건 미달이나 거래량 미달이 될 수 있는 소유구조를 만든다. 이 과정에서 소액주주들은 상장폐지로 인한 거래중지의 위험 때문에 회사나 대주주가 제시하는 공개매수가격을 받아들여 주주의 지위를 포기하게 되는 것이다(반면 한국외환은행의 사례에서 보듯이 포괄적 주식교환의 방법이 사용된 경우에는 주식교환에 반대하는 주주는 주식매수청구권을 행사하게 된다). 만약 소액주주들이 공개매수가격을 받아들이지 않고 계속 상장을 유지하기를 원해도 대주주는 직권상장폐지 사유인 주식분산요건미달 또는 거래량미달 상황을 만들어 결국 최대 2년 정도만 기다리면 직권상장폐지가 될 수 있다.

소액주주들이 회사나 대주주의 공개매수신청이나 주식매수제안을 거부하고 상장폐지된 회사에 계속 남아 있을 경우 소액주주들의 권리는 제대로 보호받을 수 있을 것인가? 물론 소액주주들은 자기의 주식을 거래하기는 어렵겠지만 배당수익을 얻을 수 있다. 특히 비상장회사의 경우 대주주의 경영전략상 상장 상태일 경우와는 달리 많은 배당을 할 가능성이 크므로 비상장회사의 소액주주들은 배당수익으로 자본이득을 상쇄할 수도 있다.

그러나 이러한 배당수익도, 만일 대주주가 처음 계획한 것과 달리 회사의 모든 지분을 취득하지 못하고 다른 소액주주들과 배당을 공유해야 하는 상황이 되면, 배당이 아닌 다른 형태(예컨대 대주주 또는 계열회사와의 거래, 경영진에 대한 거액의 보상 등)로 회사의 수익을 경영진과 대주주에게 독점시킬 가능성도 크다. 또한 소액주주들이 비록 회사의 경영을 감시할 수 있는 법적 권한이 있지만, 비상장회사는 상장회사보다 상대적으로 소액주주권 행사가 어렵고, 공시를 통한 경영투명성이 보장되지 않기 때문에, 대주주가 배당이 아닌 다른 방법으로 회사이익을 독점하는 것을 견제하기 어려운 것이 현실이다.

소액주주의 정당한 이익 보호장치가 필요

현행 제도상 주권상장법인이 상장폐지를 하기 위해서는 필요한 요건을 갖추어 거래소에 상장폐지신청을 하면 된다. 자진상장폐지에 필요한 요건은 자진상장폐지를 내용으로 하는 주주총회 특별결의 및 소액주주보호절차의 이행이다. 상장폐지신청이 있더라도 거래소는 시행세칙에서 정하는 "투자자 보호사항"의 이행 여부를 고려하여 상장 · 공시위원회의 심의를 거쳐 상장폐지신청을 거부할 수 있다.

이와 같이 현행 제도상으로는, 상장규정에 의하여 대주주가 소액주주들에게 매수기회를 주었는지 여부를 상장폐지신청에 대한 거부사유로 규정함으로써, 사실상 소액주주들에게 보상을 받을 수 있는 기회를 부여하고 있다. 그러나 매수가격이 경영진 및 대주주에 의하여 일방적으로 결정되는 시스템으로 인하여, 소액주주가 이를 다투고 싶어도 절차적으로 이를 다툴 수 있는 제도적 장치가 결여되어 있다. 이는 사실상 보상가격에 대한 분쟁을 사법심사의 대상에서 제외시키는 효과를 가져오고 있다. 소액주주의 사법적 보호를 위해서는 반드시 해결되어야 할 선결 문제가 아닐 수 없다.

Chapter 20

거래소의 직권상장폐지 제도의 실무

• • •

상장폐지의 요건 충족시 거래소는 직권으로 강제적 상장폐지결정을 내린다. 상장폐지사유에는 형식적 사유와 실질심사 사유가 있다. 거래소의 상장폐지결정에 대해서 불복이 있을 경우 가처분 신청 등 민사소송의 방법으로 다툴 수 있다.

상장기업이 거래소시장의 거래대상으로서의 적격을 상실하게 되면 거래소는 이를 거래대상에서 배제시키는 조치를 취하게 되는데, 이를 상장폐지(delisting)라고 한다. 이러한 상장폐지는 대부분 발행회사의 의사와 관계없이 일정한 요건 충족시 거래소에 의하여 강제적으로 행하여지지만, 발행회사의 신청에 따라 자발적으로 행하여지는 경우도 존재한다. 이러한 점에 대하여는 앞의 챕터에서 이미 설명한 바 있다. 그리고 앞의 챕터에서는 발행회사의 신청에 따른 자발적 상장폐지 제도와 소액주주의 보호 문제에 대하여 살펴보았다.

이 챕터에서는 거래소의 직권에 의한 강제적 상장폐지 제도에 대하여 살펴보고자 한다. 거래소의 직권에 의한 상장폐지의 사유에도 두 가지가 있다. 그 첫번째는 미리 정해진 기준에 해당하면 바로 상장폐지를 하여야 하는 "형식적 사유"이고, 그 두번째는 거래소가 기업의 계속성, 경영의 투명성, 그 밖에 공익 실현과 투자자 보호 등을 종합적으로 고려하여 필요하다고 인정하는 경우 위원회의 심의를 거쳐 상장폐지 여부를 결정할 수 있는 "실질심사 사유"이다.

상장폐지 사유에는 형식적 사유와 실질심사 사유가 존재

상장폐지를 하여야 하는 형식적 사유로는 정기보고서 미제출, 감사인 의견 미달, 자본잠식, 주식분산 미달, 거래량 미달, 지배구조 미달, 매출액 미달, 주가 미달, 시가총액 미달, 해산, 최종 부도 등이 대표적이다.

반면에 상장적격성 실질심사의 사유가 되는 것은, ①「채무자회생 및 파산에 관한 법률」에 따른 회생절차신청기각 등, ② 공시의무위반, ③ 상장 또는 상장폐지 심사과정에서 투자자보호에 중요한 사항이 거짓으로 적혀 있거나 빠져 있는 경우, ④ 상장법인의 유상증자나 분할 등을 통한 재무구조 개선행위가 상장폐지기준에 해당되는 것을 회피하기 위한 것으로 인정되는 경우, ⑤ 횡령·배임, 회계처리기준 위반행위 ⑥ 영업활동 정지 등으로 기업의 계속성과 경영의 투명성을 크게 해쳐 공익과 투자자 보호 차원에서 상장적격성에 의문이 발생한 경우에 한한다.

상장적격성 실질심사 제도

실질심사 제도는 2009. 2. 거래소가 증권시장의 건전성을 획기적으로 제고하는 차원에서 "상장폐지실질심사"라는 이름으로 처음 도입·시행한 후 현재는 "상장적격성 실질심사"라는 이름으로 시행되고 있다. 이러한 제도를 두고 있는 이유는, 과거 상장폐지제도가 주로 형식적, 계량적 요건을 중심으로 이루어지고 있어 기업 실질에 기초한 상장폐지 심사기능이 정상적으로 작동하지 않고 있으며, 일부 부실기업(특히 코스닥기업)은 변칙증자 등 불건전한 방법을 통한 상장폐지 회피로 시장건전성 훼손의 주 원인이 되고 있다는 반성적 고려 때문이다.

상장폐지사유가 형식적 사유인지 아니면 실질심사 사유인지에 따라 상장폐지 절차도 조금 달라지게 된다. 만약 상장폐지의 사유가 형식적 사유에 해당하여 즉시 확인 가능한 것이면 거래소는 즉시 상장법인의 주권거래를 정지시키고 상장법인에게 상장폐지기준에 해당한다는 사실을 통보한다. 반면에 상장폐지의 사유가 실질심사 사유에 해당하는 경우에는 거래소는 기업심사위원회 등의 심의를 거쳐 당해 주권의 상장폐지를 결정하고 그 사실을 상장법인에게 통보하게 된다.

실질심사의 절차에서는 전문성과 공정성이 중요

실질심사시에는 구체적인 사실을 확인하고 기업의 재무내용 및 경영현황 등을 종합적으로 고려하여 상장적격성을 심사하고 있

다. 이를 위하여 외부 영향을 차단한 별도의 독립적 기구인 "기업 심사위원회"를 설치 운영하고 있는데, 이는 법률·회계 등 자본시장에 관하여 이해가 높은 전문가로 구성된 심의위원단 중에서 거래소가 개별 상장법인의 상장폐지심사를 위하여 6인을 선정함으로써 구성된다. 이 때 심사의 전문성 및 공정성 유지를 위하여 심의위원단의 분야별(유관기관 임원, 회원사 임원, 변호사, 회계사, 교수) 각 1인 이상을 선발하게 되며, 동일한 위원을 3회 연속 선정하지 못한다. 코스닥시장의 경우에는 "코스닥시장 기업심사위원회"가, 코넥스시장의 경우에는 "코넥스시장 상장공시위원회"가 동일한 기능을 수행한다.

거래소는 실질심사를 힘에 있어 당해 상장법인에게 관련자료의 제출, 의견진술을 요청하거나 현지조사를 실시할 수 있으며, 당해 상장법인의 임직원 또는 외부전문가(공인회계사, 변호사 등)는 실질심사위원회에 출석하여 실질심사와 관련된 의견을 진술할 수 있다.

실질심사 결과, 상장법인이 상장규정상의 형식적 요건들을 충족하더라도 기업내용의 실질적인 측면에서 부적절한 매출액 부풀리기나 횡령·배임 등이 있을 경우 계속기업으로서의 존속 가능성에 문제가 있다고 판단되면 상장폐지결정을 내리고 있다.

[사례] 뉴켐진스템셀(구 온누리에어)에 대한 상장폐지실질심사

본건은 실질심사제도 도입 이후 이에 따른 첫번째 상장폐지 결정이 난 경우이다. 이 회사는 2008년 매출액이 33억원을 기록하여 계량적 상장폐지요건(2년간 연속 30억 미만)을 벗어났고 회계법인도 적정 의견을 내렸다. 그러나 거래소의 상장폐지실질심사위원회는 이에 대해, 특정 매출처와의 거래비중이 98%로 너무 크고, 매출처 경영진과의 밀접한 관계, 계란유통을 통한 수익 대비 비용의 불균형, 계란유통을 위한 시설 등 영업기반 및 인력이 미비된 상태에서 중간유통과정에 개입해 매출을 발생시키는 것은 퇴출 회피를 위한 임의적·일시적 매출에 해당된다고 판단하였으며, 당해 법인은 이에 대해 이의신청을 하였으나 거래소는 상장위원회의 심의를 거쳐 상장폐지결정을 확정하였다.

그 후 회사는 서울남부지방법원에 상장폐지결정등 효력정지가처분신청을 제기하였으나 동 법원은 가처분신청을 기각하였다(2009. 4. 14.자 2009카합367 결정).

거래소로부터 상장폐지 통지를 받은 당해 법인은 유가증권시장의 경우 15일 이내에, 코스닥시장 및 코넥스시장의 경우는 7일 이

내에 거래소에 이의를 신청할 수 있다. 이의신청이 있을 경우 거래소는 당해 법인의 이의신청의 당부를 판단하여 상장폐지 또는 개선기간 부여 여부 등을 결정해야 한다. 개선기간(1년 이내)을 부여할 경우에는 개선기간 종료시점에서 자구계획 이행여부를 심의하여 최종적으로 상장폐지 여부를 결정하게 된다.

거래소가 최종적으로 상장폐지결정을 내리게 되면 거래소는 당해 증권에 대한 상장폐지사실을 공시하고, 당해 상장법인의 주권은 상장폐지주권의 환금성 부여 목적으로 7일간의 정리매매기간을 거쳐 정리매매기간 종료일 다음 날 상장폐지된다. 다만 정리매매는 통상적으로는 부여되고 있으나 항상 부여하여야 하는 것은 아니다. 상장규정상으로도 정리매매 허용여부는 거래소에 맡겨져 있으며, 증권시장의 질서유지 및 투자자 보호를 위해 불가피한 사정이 있는 예외적인 경우에는 정리매매를 부여하지 아니하고 상장폐지시킬 수 있다.

상장폐지결정에 대해서는 민사소송으로 불복 가능

이러한 상장폐지결정에 대하여 불복이 있는 법인은 상장폐지결정 무효확인소송 또는 가처분신청 등 민사소송의 방법으로 그 결정의 효력을 다툴 수 있다. 행정소송이 아니라 민사소송의 방법을 취하여야 하는 이유는 대법원과 헌법재판소의 판결 때문이다. 이에 따르면 거래소의 상장계약이나 상장규정은 "사법상 계약관계"이며, 상장폐지조치 또한 공권력 행사에 해당하는 행정처분이 아니라는 것이다. 즉 거래소의 상장은 "상장계약"이라는 사법상 계약에 의하여 이루어지는 것이고, 상장폐지결정은 약정된 바에 따라 상장법인에 대하여 구속력을 갖는 관련 규정에 근거하여 그러한 사법상의 계약관계를 해소하려는 거래소의 일방적 의사표시일 뿐 행정처분이 아닌 것으로 보고 있다(대법원 2007. 11. 15. 선고 2007다1753 판결; 헌재 2005. 3. 8.자 2004헌마442 결정 등).

실무적으로 이러한 민사소송이 많이 제기되고 있으나 인용되는 경우는 흔치 않으며, 대부분의 사건에서 거래소의 상장폐지결정이 적법하다는 판결이 내려지고 있다. 상장폐지결정이 확정되면 투자자들 특히 소액주주들은 많은 피해를 보게 된다. 이 경우 피해를 입은 투자자들은 상장폐지에 책임이 있는 당사자, 즉 대표이사나 감사인, 상장주관회사 등을 상대로 손해배상소송을 제기할 수 있다.

Chapter 21

상장폐지와 손해배상소송

• • •

상장기업의 상장이 폐지된 경우 투자자들은 막대한 손해를 입게 된다. 자본시장법
은 일정한 경우 상장폐지에 책임이 있는 대표주관회사 등에 대하여 투자자들의 손
해를 배상하도록 하는 제도를 마련하고 있다.

상장기업의 경우 주주들에게 주식이 광범위하게 분산되
어 있고, 그 주식은 하나의 투자수단으로 일반인들이 쉽게 주식시
장에서 거래를 할 수 있는 환금성이 보장되어 있다. 그런데 이러
한 상장기업의 상장이 폐지되어 주식시장에서 퇴출된다면 일반
투자자들로서는 자신의 주식에 대한 환금성을 잃게 될 뿐만 아니
라 주가가 폭락하여 큰 손해를 보게 된다. 그러면 이와 같은 상장
폐지로 손해를 입은 투자자들은 그 손해배상을 청구할 수 있을까?
있다면 누구에게 청구하는 것이 가능할까?

상장폐지된 회사의 경영진에 대한 손해배상청구

우선 상장이 폐지된 회사의 대표이사 등 경영진을 생각해 볼 수 있다. 상법 제401조 제1항은 "이사가 고의 또는 중대한 과실로 그 임무를 게을리한 때에는 그 이사는 제3자에 대하여 연대하여 손해를 배상할 책임이 있다"라고 규정하고 있다. 이 때 손해는 주주에게 직접 손해가 발생하는 경우를 말하고, 예컨대 대표이사가 회사 재산을 횡령하여 회사재산이 감소함으로써 회사가 손해를 입고 결과적으로 주주의 경제적 이익이 침해되는 손해와 같은 간접적인 손해는 위 조문에서 말하는 손해의 개념에 포함되지 않는다는 것이 판례의 확고한 태도이다. 이와 달리 주주에게 직접 손해가 발생하는 경우로는 주주가 이사의 허위정보를 믿고 주식을 인수하거나 주식을 매도할 기회를 잃어 손해를 입은 경우, 이사가 정당한 이유 없이 주식의 상장폐지를 신청한 경우 등을 들 수 있다.

최근 선고된 대법원 판결에서는, 일정한 경우 상장폐지 및 그 과정에서의 주가하락으로 손실을 입은 주주가 회사의 재산을 횡령하는 등으로 회사의 재무구조를 악화시킨 이사를 상대로 주주의 직접손해에 대한 배상을 청구할 수 있다는 취지를 밝혀 주목받은 바 있다(대법원 2012. 12. 13. 선고 2010다77743 판결). 이 판결은 코스닥등록업체인 옵셔널벤처스의 후신인 옵셔널캐피탈의 소액주주 2명이 대표이사였던 BBK 김경준 씨를 상대로 상장폐지에 따른 주가하락분만큼의 손해배상청구를 한 사안이다.

외부감사인에 대한 손해배상청구

다음으로 상장폐지된 회사의 외부 감사인에 대하여 부실감사를 이유로 손해배상을 청구하는 것도 가능하다. 자본시장법에서는 증권신고서의 기재사항 또는 그 첨부서류(감사보고서 포함)가 진실 또는 정확하다고 증명하여 서명한 공인회계사, 감정인, 신용평가를 전문으로 하는 자, 변호사, 변리사 또는 세무사 등에 대한 손해 배상청구를 인정하고 있다. 그러므로 기업상장시 부실감사를 한 회계법인은 동조에 의하여 손해배상의무를 부담할 수 있다(발행시 장에서의 손해배상책임). 또한 자본시장법은 「주식회사의 외부감사에 관한 법률」을 준용하여 사업보고서 등에 첨부된 감사보고서에 대하여 회계감사인이 손해배상책임을 지도록 규정하고 있다(유통 시장에서의 손해배상책임).

과거 부실 저축은행의 유동성 부족으로 인한 일련의 영업정지 사태와 관련하여서도 분식회계에 의한 재무제표에 대하여 적정 의견을 표시한 외부 감사인의 부실감사가 문제되어 소송이 제기 되기도 하였다.

이 때 주의해야 할 점은 감사보고서 상의 "적정" 의견은 단순히 재무제표가 회계기준에 적합하게 작성되었다는 의미일 뿐이라는 것이다. 즉 감사보고서에서의 "적정"의 의미는, 당해 회사의 재무 구조가 건전하고 우량하여 투자자가 투자하기에 적정하다는 의미가 아니라는 점을 혼동해서는 안 된다. 실무에서는 변호사들조차 이러한 점을 혼동하여 소장의 청구원인을 잘못 기재하는 소송이 종종 발생하고 있다.

상장주관회사에 대한 손해배상청구

기업의 신규상장 과정에서 상장주관회사, 그 중에서도 대표주관회사는 Due-Diligence(기업실사) 과정에서 상장을 희망하는 기업의 상장적격성, 주식가치 등을 검토하고 상장을 희망하는 기업과 인수조건 등을 결정한다. 또한 인수와 청약 업무를 총괄하여 관리하고 기타 주식인수와 관련하여 필요한 업무를 수행하게 된다. 따라서 자본시장법은 이러한 상장주관회사의 지위에 근거하여, 증권신고서 및 투자설명서(실무상 증권신고서와 투자설명서는 동일한 내용으로 작성된다) 중 중요사항에 관하여 거짓기재 또는 기재누락이 있어 증권의 취득자가 손해를 입은 경우에는 대표주관회사를 비롯한 증권의 인수인 등이 그 손해배상책임을 지도록 하고 있다.

다만 주식 가격의 변동요인은 매우 다양하고 여러 요인이 동시에 복합적으로 영향을 미치게 마련이다. 따라서 허위공시 등의 위법행위 이외에도 매수시점 이후 손실이 발행할 때까지의 기간 동안 당해 기업이나 주식시장의 전반적인 상황의 변화 등도 손해발생에 영향을 미칠 수 있다. 이러한 점을 감안하여 법원은 공평의 원칙에 기해 책임 제한을 하는 것이 보통이다.

중국 고섬 상장폐지에 따른 손해배상청구소송 사례

최근 사례 중에는 중국 기업인 고섬이 국내에서 상장하였다가 상장폐지된 후 그 소액투자자들이 대표주관회사 등을 상대로 제기하였던 손해배상청구 소송이 대표적인 사례라 할 수 있다(서울남부지법 2014. 1. 17. 선고 2011가합18490 판결 및 그 항소심인 서울고등법원 2016. 11. 24. 선고 2014나2004505 판결. 이 판결은 상고포기로 확정됨).

먼저 사실관계를 보면 다음과 같다. 중국 고섬공고유한공사(이하 "중국고섬"이라 한다)는 싱가포르에 본점을 두고 2008. 9. 9. 설립되어 화학섬유제조업을 영위하는 4개의 자회사를 둔 지주회사로서, 2009. 9. 18. 싱가포르 증권거래소에 주식을 상장하였다. 그리고 중국고섬은 2011. 1. 25. 피고 한국거래소에 위 싱가포르 상장 주식을 원주로 하는 주식예탁증권(DR)을 상장하였다. 이 때 피고 대우증권은 대표주관회사로서 위 주식예탁증권의 60%를 인수하였고, 피고 한화증권은 공동주관회사로서 위 주식예탁증권의 30%를 인수하였다. 나머지는 IBK투자증권이 7%, HMC투자증

권이 3%를 각 총액 인수하였다. 한편 피고 한영회계법인은 증권신고서에 첨부된 연결재무제표에 대한 감사보고서를 작성하였다.

상장 2개월만인 2011. 3. 22. 중국고섬은 싱가포르 거래소에 자발적으로 주식거래 정지를 요청하였고, 이어 피고 한국거래소 역시 같은 날 중국고섬에 대한 국내 DR거래 정지조치를 내렸다. 그리고 피고 한국거래소는 2013. 9. 13. 감사인의 감사의견거절을 이유로 위 DR의 상장폐지를 결정하였다. 이에 따라 위 DR은 상장폐지예고기간과 정리매매기간을 거쳐 2013. 10. 4. 상장폐지되었다.

금융위원회는 2013. 10. 2. 중국고섬이 증권신고서를 제출하면서 현금자산(1,000억원 이상)을 거짓으로 기재하고, 신규 프로젝트와 관련된 12건의 투자계약(2,158억원 상당)을 기재하지 않았으며, 피고 대우증권과 한화증권이 위 증권신고서의 중요 투자위험에 대한 실사의무를 수행하면서 현금잔고 및 중요계약의 확인절차를 소홀히 하여 위와 같은 증권신고서의 중요한 하자를 방지하지 못한 중대한 과실이 있음을 이유로 중국고섬, 대우증권, 한화증권에 각 20억원의 과징금을 부과하였다.

이러한 배경 하에 중국고섬의 소액투자자들이 원고가 되어 피고 한국거래소, 대우증권, 한화증권, 한영회계법인을 상대로 상장폐지에 따른 손해배상을 청구하는 소송을 제기하였다.

1심 재판에서 법원은 대표주관회사인 대우증권이 투자자들(다만, 중국고섬이 상장된 후 유통시장에서 주식을 취득한 투자자들은 제외)에게 손해액의 50%를 배상하도록 명하고, 나머지 피고들에 대한 청구는 기각하였다. 항소심 법원은 대우증권의 배상액을 손해액의 25%로 감경하고, 역시 나머지 피고들에 대한 청구는 기각하였다.

대우증권의 손해배상책임이 인정된 이유는, 증권신고서의 중요사항이라 할 수 있는 현금 및 현금성 자산 부분에 거짓기재가 존재하므로 이 사건 DR에 대한 인수계약을 체결한 대우증권은 대표주관회사로서 손해배상책임이 있다는 것이다. 다만 주식시장의 전반적인 상황도 손해에 기여하였다고 보이는 점 및 피고 대우증권도 손해를 입은 점 등이 참작되어 책임이 제한되었다.

그러나 유통시장에서 주식을 취득한 투자자들은 증권신고서와 투자설명서 외에도 그 후에 나온 공시자료들도 참작하였을 것이므로, 신규상장시 대표주관회사의 과실과 원고의 손해 사이에 인과관계가 없다는 이유로 손해배상청구가 기각되었다.

한편, 피고 한화증권은 대표주관회사가 아니라는 이유로, 피고 한영회계법인은 언스트앤영 싱가포르와 함께 은행조회를 실시하는 등 상당한 주의를 기울였음에도 불구하고 거짓기재를 알 수 없었다는 이유로, 피고 한국거래소는 제출 서류의 진실성을 실사할 의무를 부담한다고 볼 수 없고 신규상장신청 심사를 부실하게 하였다고 인정할 증거가 없다는 이유로, 각 청구가 기각되었다.

이 판결은 상장폐지에 따른 손해배상책임의 거의 모든 쟁점을 망라한 의미있는 선례가 될 것이다.

Chapter 22

SNS 상의 명예훼손

• • •

스마트폰의 대중화로 인하여 많은 사람들이 손쉽게 SNS를 이용하여 언제 어디서나 타인과 의견을 교환 · 공유하고 있다. IT 산업의 발전은 인터넷 이용의 편리함을 가져다 주었지만, 인터넷 상에서의 타인에 대한 명예훼손 등 많은 문제점을 가져오기도 하였다.

"인터넷은 '가장 참여적인 시장'이자 '표현 촉진적인 매체' 인바, 질서위주의 사고만으로 규제하려고 할 경우 표현의 자유의 발전에 큰 장애를 초래할 수 있으므로, 이 분야에서 규제의 수단 또한 헌법의 틀 내에서 다채롭고 새롭게 강구되어야 할 것이다." 헌법재판소의 2002년도 결정문에서 인용한 말이다. 요즘 뜨겁게 각광을 받고 있는 사회관계망 서비스, 즉 SNS(social network service) 역시 인터넷을 이용한 의사소통의 수단이라는 점에서 표현의 자유가 보다 자유롭게 보장되어야 할 필요성이 존재한다. 하지만 SNS는 동시에 타인에 대한 인신공격이 난무하는 장이기도 하므로, 도를 지나친 행위는 명예훼손으로 처벌하는 등 적절한 수준에서의 규제 또한 필요하다 할 것이다.

SNS를 이용한 명예훼손은 인터넷을 이용한 행위라는 점에서 현행 법제상으로는 '정보통신망 이용촉진 및 정보보호 등에 관한 법률'(이하 '정보통신망법'이라 한다)이 적용된다. 정보통신망법상 명예훼손죄가 성립하기 위해서는 사람을 비방할 목적으로 공공연하게 사실을 적시하여야 한다.

SNS에서의 글은 사적인 것인가 공적인 것인가

우선 SNS에서의 글이 공연성(公然性), 즉 불특정다수인에 대한 전파가능성을 가지는지에 대하여 살펴보자. SNS 상의 소통은 '사적 소통'이므로 공연성이 없다는 주장이 있다. 그 이유는 SNS계정에 글을 올리는 행위는 적극적 배포의 의도가 없는 소극적인 행위이기 때문이라는 것이다. 즉 계정소유자는 단지 자신의 느낌이나 생각을 담담히 적어 내려가는 것이고 이는 마치 친구들과 팔로워들이 한 개인의 일기쓰기를 지켜 보는 것과 같다는 것이다. 더 쉽게 비유하면 특정인이 술집에서 말하고 있는 것을 그의 의도와 달리 옆자리 사람이 관심을 갖고 귀기울여 듣는 것과 마찬가지라고 한다. 한 마디로 SNS를 이용한 말하기는 자신과 일정한 관계를 맺은 사람들에게의 공개이기 때문에 설령 그 관계망 밖에 있는 사람들에게 공개되더라도 이는 '의도적 전파' 수준의 적극적 행위라기보다는 '열람의 허용' 정도에 해당하는 소극적인 행위로 보아야 한다는 것이다. 심지어 SNS 이용자들 중에는 사람들이 자신의 계정에 찾아와 정보를 수집해 가는 것을 '프라이버시 침해'로 생각하는 경우도 있음을 지적하면서, 이 점은 바로 SNS와 다른 웹 기반 서비스와의 차이라고 주장한다.

사실 SNS 상에서 특정 게시물이 전파되는 과정은 특수성이 존재한다. 수많은 사람들에게 전달되는 SNS 게시물은 한 사람이 불특정 다수인에게 전달하는 것이 아니고, 우선 한 사람이 자신의 '친구'나 '팔로워'들이 볼 수 있게 정보를 올리면 그 '친구'나 '팔로워' 중의 한 명이 다시 이를 '리트윗'이나 '공유'를 하고 이 단계가 여러 번 반복됨으로써 이루어진다. 이러한 모드에서 어느 한 사람도 정보를 '불특정 다수인'에게 보내지 않는다. 모두가 특정 소수인이나 특정 다수인에게 보낼 뿐이며 어느 누구도 불특정 다수인에게 보내지 아니한다. 따라서 SNS 상에서 계정을 전체공개가 아니라 친구공개로만 한 경우에는 자신의 지인이나 팔로워 등 특정인에게만 정보가 전달되기 때문에 불특정 다수인에게 정보가 전달될 것을 요하는 공연성 요건을 충족하지 못하는 것처럼 보일 수도 있다.

그러나 우리나라의 판례에 의하면 명예훼손죄에 있어서 공연성이란 '불특정 또는 다수인이 인식할 수 있는 상태'를 의미한다. 이때 불특정인의 경우에는 수의 다소를 불문하고, 다수인인 경우에는 그 다수인이 특정되어 있다고 하더라도 관계가 없다. 여기서 불특정이란 행위시 상대방이 특정되어 있지 않다는 의미가 아니라, 상대방이 특수한 관계로 한정된 범위에 속하는 사람이 아니라는 것을 의미할 뿐이다. 이러한 공연성의 법적 개념에 비추어 보면 SNS 계정이 설사 소수의 친구 또는 팔로워에게만 공개되어 있는 경우라 하더라도 관계망 안에 있는 사람이 대화내용을 외부에 전파할 가능성이 있는 경우라면 공연성 요건이 충족될 수 있는 것이다.

다음, '사실의 적시(摘示)란 무엇인가? '사실의 적시'란 가치판단이나 평가를 내용으로 하는 의견표현에 대치되는 개념으로서, 시간과 공간적으로 구체적인 과거 또는 현재의 사실관계에 관한 보고 내지 진술을 의미한다. SNS 상에서는 사실을 적시하는 방법이 다양하다. 뉴스피드나 타임라인에 게시글을 작성하거나 댓글을 다는 행위뿐만 아니라 사진을 게시하거나 동영상을 업로드하는 행위도 사실을 적시하는 행위에 해당하는 것으로 볼 수 있다.

마지막으로 정보통신망법상 명예훼손죄가 성립하기 위해서는 주관적 구성요건으로 고의 외에 '비방의 목적'을 필요로 한다. 판례에 따르면 사람을 비방할 목적이란 가해의 의사 내지 목적을 요하는 것으로, 공공의 이익을 위한 것과는 서로 상반되는 관계에 있으므로, 적시한 사실이 공공의 이익에 관한 것인 경우에는 특별한 사정이 없는 한 비방할 목적은 부인된다.

인터넷 아이디는 명예의 주체가 될 수 있는가

한편 SNS 상에서는 실명을 쓰는 경우도 있지만 인터넷 아이디(ID)만을 시용하여 글을 쓰는 경우도 많이 있다. 이와 같이 인터넷 아이디라는 정보만 공개된 사람에 대하여 인신공격을 한다면 그 사람에 대한 명예가 훼손되었다고 볼 수 있을까? 우리가 인터넷 아이디만을 보고는 그 사람이 누구인지 알 수 없기 때문이다.

예를 들어, 실명이 아닌 별명을 사용하는 인터넷 카페에서 '갑'은 게시판에 A라는 인터넷 아이디를 사용하는 사람에 대하여 인신공격성 글을 게재하였다. A는 '을'의 인터넷 아이디였으며, '을'은 카페 내에서는 인터넷 아이디만 사용하였을 뿐 A가 자연인 '을'임을 알 수 있는 어떠한 정보도 게시하지 않았다. '갑'은 '을'에 대한 허위사실을 게시하였다고 하여 정보통신망법 위반으로 기소되었으며, 이 사안에서 인터넷 아이디가 명예훼손을 당할 수 있는 사람, 즉 명예의 주체가 될 수 있는지 여부가 문제되었다.

판례에 따르면, 명예의 주체인 사람은 특정한 자임을 요하지만, 반드시 사람의 성명을 명시하여 허위의 사실을 적시하여야만 하는 것은 아니고, 사람의 성명을 명시한 바 없는 허위사실의 적시행위도 표현의 내용을 주위의 여러 사정과 종합 판단하여 그것이 어느 특정인을 지목하는 것인가를 알아차릴 수 있는 경우에는 특정인에 대한 명예훼손죄를 구성한다고 한다.

그러나 피해자의 인터넷 아이디만을 알 수 있을 뿐 그 밖의 주위 사정을 아무리 종합해 보더라도 그와 같은 인터넷 아이디를 가진 사람이 누구인지를 알아차리기 어렵고 달리 이를 미루어 짐작할 수 있을 만한 아무런 자료가 없는 경우에 있어서는, 외부적 명예를 보호법익으로 하는 명예훼손죄의 피해자가 특정되었다고 볼 수 없으므로, 특정인에 대한 명예훼손죄가 성립하지 아니한다.

위 사안의 경우, 피해자 '을'은 피고인 '갑'을 고소하면서 피고인의 아이디만을 기재하였을 뿐 구체적인 정보에 대해서는 알지 못하였고, 피고인 '갑' 역시 A가 어떤 실체적 인물인지에 대해서는 전혀 알지 못하였다. 그러므로 법원은 인터넷 아이디 A에 대한 게시글만으로는 특정한 사람인 '을'에 대하여 외부적 명예를 보호법익으로 하는 명예훼손죄가 성립한다고 보기 어렵다고 판단하였다.

이와 같이 실체적인 사람에 대한 특정 없이 인터넷 아이디에 대하여 비방의 글을 게재한 것만으로는 정보통신망법상 명예훼손죄가 성립한다고 볼 수 없다. 즉 인터넷 아이디가 지칭하는 특정인이 누구인지를 직간접적으로 알 수 있을 때에는 인터넷 아이디에 대한 인신공격으로 명예훼손죄가 성립할 수 있지만, 해당 인터넷 아이디를 사용하는 특정인을 추론할 수 있는 아무런 정보가 없는 경우에는 인터넷 아이디를 자연인과 동일시할 수는 없기 때문에 이 경우에는 정보통신망법상 명예훼손죄가 성립할 수 없는 것이다.

Chapter 23

방송에 의한 명예훼손

• • •

방송에서 어떤 사건을 보도하면서 보도 내용과는 전혀 관계없는 사람을 모자이크 처리해서 자료화면으로 내보내는 경우가 있다. 이 때 여러 사정을 종합해서 볼 때 그 등장인물이 실질적으로 특정되고 구체적인 사실이 적시된다면 방송에 의한 명예훼손이 성립될 수 있다.

방송에 자신의 모습이 방영되었는데, 그 내용이 진실이 아니라면 어떨까? 가끔은 실제보다 좋은 모습으로 칭찬해 주는 내용일 수도 있겠지만, 그보다는 방송의 내용이 특정인에 대한 명예훼손적인 내용일 수도 있다. 특히 그것이 진실하지 않은 경우가 문제이다. 진실하지 않은 언론보도로 피해를 입은 자는 언론사를 상대로 정정보도나 손해배상을 청구할 수 있다.

TV 시사보도 프로그램 등에서는 간혹 사건과 관련없는 장면을 자료화면으로 사용한다. 그러면서 시청자에게는 화면에 등장하는 인물이 마치 그 사건의 관계인인 것처럼 오인할 수 있도록 편집하는 경우가 있다. 이 경우 화면에 등장한 인물은 언론사를 상대로 책임을 물을 수 있을까? 결론부터 말하자면, 이를 위해서는 먼저 화면에 등장한 인물이 다른 사람이 아니라 바로 피해자임을 특정할 수 있어야 한다. 성명을 표시하거나 얼굴 사진을 게시하는 등은 전형적인 특정 방법이다. 변조되지 않은 음성을 상당한 시간 방송한 사안도 피해자가 특정되었다고 인정해야 할 경우가 많을 것이다.

사건과 무관한 자료화면 사용시 명예훼손 성립 가능

사례를 한 번 살펴 보자. 유명한 배우 이병헌 씨 협박 관련 사건이다. 모델 A씨는 패션모델 오디션 프로그램에서 우승한 뒤 국내외에서 왕성한 활동을 펼치고 있었다. 그런데 2014년 9월 문화방송(MBC)이 방영한 모 시사보도 프로그램에서는 당시 배우 이병헌 씨를 협박한 혐의로 검찰에서 조사를 받던 걸그룹 소속 가수와 모델 사건을 보도하면서 A씨가 등장하는 패션쇼 영상을 자료화면으로 내보냈다. 영상은 약 6초 분량이었다. 여기에 A씨의 성명과 영상의 출처는 표시되지 않았다. 그 중 2초 정도는 패션쇼 전체 영상이었고, 나머지 4초 가량은 모자이크된 A씨의 얼굴 등이 단독으로 나오는 장면이었다. 이 영상과 함께 '또 다른 피의자는 모델 A양'이라는 자막이 방영되었다. A씨의 얼굴은 모자이크 처리가 되긴 하였다. 그렇지만 A씨라는 것을 알아보기 어렵지 않은 수준이었다. 그리고 모델 A양은 위 협박 사건과 전혀 관련이 없었다. A씨는 이후 MBC와 해당 프로그램 제작사를 상대로 정정보도와 함께 위자료 1억원의 배상을 청구하는 소송을 제기하였다.

제1심에서는 "프로그램 첫머리에 정정보도문을 내보내고 MBC 등은 A씨에게 2,000만원을 지급하라"는 원고 승소 판결이 선고되었다. 그러나 항소심에서는 원고가 패소하였다. 그 이유는 "MBC는 A씨가 나오는 영상을 방송하면서 화면 좌측 상단에 '자료화면'이라고 표시하였고, 얼굴도 모자이크 처리하였으니, 방송이 A씨를 특정해서 표시한 것으로 볼 수 없다"는 것이었다. 하지만 대법원에서는 다시 원심 판결을 파기하고 사건을 서울고법으로 돌려보냈다(대법원 2016. 4. 15. 선고 2015다252969 판결).

대법원의 논리는 다음과 같다. "화면에 '자료화면'이라는 표시가 있었지만 글씨가 작아, 오히려 화면 아래쪽에 큰 글자로 표시돼 있던 '또 다른 피의자는 모델 A양'이라는 자막이 훨씬 더 눈에 잘 띈다"는 것이다. 또한 "시청자 입장에서는 사건과 상관없는 일반적인 모델 선발대회 영상이라기보다는 아직 신원이 공개되지 않은 특정 피의자에 관한 과거 영상자료라고 받아들일 가능성이 더 크다"고 판단하였다.

대법원은 나아가 "TV 방송 보도의 경우 특정인의 명예를 훼손하는 내용을 담고 있는지 여부는 그 보도의 객관적인 내용과 아울러 일반 시청자가 보통의 주의로 방송보도를 접하는 방법을 전제로 보도내용의 전체적인 흐름 등 그 보도내용이 시청자에게 주는 전체적인 인상을 판단 기준으로 삼아야 한다"고 하면서, "문제의 방송이 A씨에 관한 진실하지 않은 사실적 주장 또는 사회적 평가를 저하시킬만한 구체적인 사실의 적시를 했으므로 A씨는 정정보도와 명예훼손으로 인한 손해배상을 청구할 수 있다"고 판시하였다.

명예훼손 책임을 묻기 위해서는 피해자의 특정이 전제됨

위 사례에서도 법원이 선언하였듯이, 진실하지 않은 언론보도로 피해를 입은 자는 정정보도나 손해배상을 청구할 수 있다. 그런데, 이는 보도내용과 피해자 사이의 개별 연관성 내지 피해자의 특정을 진제로 한다. 인격권이 개인적 법익인 이상, 그 행사주체가 특정되지 않으면 침해주장이 인용될 수 없기 때문이다. 즉 정정보도청구를 할 수 있는 피해자는 해당 보도내용에서 지명이 되거나 그 보도내용과 개별적인 연관성이 있음이 명백히 증명되어야 하는 것이다.

여기에서 피해자의 특정은 어느 정도로 되어야 하는 것일까? 사람의 성명이 명시되어 있지 않은 경우에도 특정되었다고 할 수 있을까? 가능하다. 기사나 영상 그 자체만으로는 피해자를 인식하기 어렵게 되어 있더라도, 그 표현의 내용을 주위 사정과 종합하였을 때 그 보도가 나타내는 당사자가 누구인지 알아볼 수 있으면 된다.

피해자의 특정 여부는 예컨대, '서울대 여학생', '삼성동 주민' 등과 같은 집단표시에 의한 명예훼손과 관련하여 논의된 경우가 많다. 그러나 그 외의 사안에서도 논란의 여지가 있을 수 있다. 이런 경우, 방송사에서는 명예훼손을 우려하여, 익명처리를 하거나 개별 연관성의 소지가 있는 영상을 모자이크 처리하여 방영하는 경우가 적지 않다.

판례를 살펴보면, 피해자의 얼굴과 승용차 번호판을 모자이크 처리하고, 욕설 등을 제외한 대부분의 음성을 변조한 다음, 피해자 주택을 방영한 사안에서는 피해자 특정을 부정하였다(대법원 2005다51426 판결). 반면에, 피해자의 미용실 간판을 모자이크 처리하고 성명이나 얼굴을 명시하지는 않았지만, 미용실이 '오산시'에 있다는 자막과 함께 입점 건물의 다른 상가 간판을 방영하고 피해자의 인터뷰를 음성변조 없이 방송한 사안에서는 피해자가 특정이 되었다고 판시하였다(대법원 2009다49766 판결).

정리해 보면, 보도내용에 성명이 적시되지 않은 점이나, 영상을 모자이크 처리한 점 등은 특정 여부를 판단하는 여러 요소 중 하나일 뿐이다. 여기서 더 나아가 해당 보도의 구체적 내용을 주위 사정과 종합하여 판단해야 한다는 것이 판례의 기본 입장이라 할 수 있겠다.

이러한 법리를 위에서 살펴본 이병헌 씨 협박 관련 방송보도 사건에 적용해 보자. 이 사건 모델 영상은 '도전 수퍼모델 코리아 4' 최종회에서 무대를 걷는 A씨의 모습을 모자이크 처리하였다. 여기에 A씨의 성명 및 영상의 출처를 표시하지 않은 상태로 위 화면을 방송보도에 삽입하였다. 그러나 영상을 통해 전체적인 무대 구조가 나타났고, 모자이크 처리에도 불구하고 얼굴 윤곽, 의상의 종류와 색, 걷는 자세, 머리 스타일의 구분이 가능하였다. 특히 패션모델 오디션 프로그램의 특성상, 참가자들의 얼굴, 의상, 걷는 자세, 스타일 등에 주안점을 두고 순위를 매기는 점을 감안해야 한다. 이렇게 보면, 적어도 A씨의 주변 사람들 또는 오디션 프로그램의 제작진, 참가자, 시청자들은 이 사건 모델 영상 속 등장인물이 A씨임을 충분히 알 수 있었다. 따라서 A씨는 이 사건 모델 영상과 개별적인 연관성을 가지고 그 영상에서 특정되었다고 볼 수 있는 것이다.

예방을 위해서는 피해자 특정 여부에 대한 사전 점검이 필수

이 사건에서 A씨의 음성이 노출되지 않은 점은 피해자를 특정함에 있어 소극적 요소가 될 수 있다. 하지만, 그럼에도 불구하고 참가자의 개성이 강조되는 오디션 프로그램의 특성으로 인하여 시청자들까지도 모자이크된 영상의 등장인물이 A씨임을 충분히 알 수 있었다. 따라서 피해자의 특정사실이 적극적으로 인정된 것으로 보아야 한다.

그렇다면 이러한 보도를 할 경우, 만일 방송사가 논란의 소지를 없애고자 한다면 어떻게 해야 할까? 단순히 얼굴 영상에 모자이크 처리를 하는 등의 형식적 조치를 취하는 것만으로는 충분하지 않다. 여기서 더 나아가 해당 보도의 구체적인 내용과 주위 사정 등을 종합적으로 고려하여 등장인물이 실질적으로 특정되지 않는다는 점을 사전에 철저히 확인해야 한다는 것이 대법원의 판단이다. 이러한 법리는 방송에 의한 명예훼손 여부를 판단함에 있어 방송 제작자나 피해자, 법률가들에게도 모두 실무적으로 상당한 의미가 있다고 할 것이다.

Chapter 24

BGM(배경음악)과 저작권 사용료

• • •

앞으로는 커피 전문점과 생맥주 전문점 등에서 상업용 음반을 사용하여 BGM(배경음악)을 틀 경우에도 저작권료를 지불해야 하는 것으로 법규정이 바뀌었다. 이러한 규제의 변화가 향후 양질의 음악과 영상저작물이 창작될 수 있는 환경을 조성하는 데 기여하기를 바란다.

커피 전문점이나 호텔, 백화점 등에서 상업용 음반을 이용하여 BGM을 틀어주는 것은 주변에서 아주 흔하게 보는 일이다. 이렇게 음악을 틀어 주는 것은 매장의 영업에 도움이 되기 때문일 것이다. 또 간접적으로는 이와 같이 대중 밀집장소에서 상업용 음반을 틀게 되면 당해 음반에 수록된 곡의 저작권자는 음악이 널리 시중의 소비자들에게 알려짐으로써 음반판매 수익이 늘어나게 되는 반사적 이익이 있다.

이와 같이 매장에서 상업용 음반을 사용하여 BGM을 틀 경우 매장의 경영자는 음반의 저작권자에게 저작권료를 지불해야 할까? 결론적으로 과거에는 호텔이나 백화점의 경우는 저작권료를 지불해야 하지만, 커피 전문점의 경우는 지불하지 않아도 되었다.

그러나 이러한 내용을 규정한 저작권법 시행령이 개정되어 2018년 8월부터는 커피 전문점의 경우에도 저작권료를 지불해야 하는 것으로 되었다. 좀 더 구체적으로 살펴 보자.

BGM이란

Background Music의 약어. 작업의 능률을 향상시킨다든지 분위기를 부드럽게 할 목적으로, 또는 상품 판매를 촉진할 목적으로 작업장이나 매장에 스피커를 통해서 흘리는 음악을 말한다.

음반 공연에 대한 반대급부를 받지 않는 경우 저작권료 지급의무 없음

저작권법 제29조 제2항에는 다음과 같이 규정되어 있다. "청중이나 관중으로부터 당해 공연에 대한 반대급부를 받지 아니하는 경우에는 상업용 음반 또는 상업적 목적으로 공표된 영상저작물을 재생하여 공중에게 공연할 수 있다. 다만, 대통령령이 정하는 경우에는 그러하지 아니하다."

커피 전문점 등에서 상업용 음반을 이용하여 BGM을 트는 것은 커피 판매에 도움을 주기 위한 것이지, 음악을 들려주는 것 자체에 대해서 반대급부, 즉 돈을 받는 것이 아니다. 그러므로 위 저작권법 조항에 의하여 원칙적으로 음반 저작권자에게 저작권료를 지급하지 않아도 된다.

그런데 위 조항의 적용을 받기 위해서는 반드시 "상업용 음반"을 사용하여야 하며, 매장에서 임의로 편집·제작한 음반을 사용하여서는 안 된다. 편집·제작한 음반을 사용할 경우에는 저작권료를 지불하여야 하며, 이와 관련하여서는 유명한 스타벅스 판결이 있다(대법원 2012. 5. 10. 선고 2010다87474 판결).

사실관계는 다음과 같다. 플레이네트워크사(Playnetwork, Inc.)는 스타벅스 본사(Starbucks Coffee International, Inc.)와 사이에 음악 서비스 계약(music service agreement)을 체결하고 세계 각국에 있는 스타벅스 커피숍 매장에 대한 배경음악 서비스를 제공하고 있었다. 스타벅스 코리아는 스타벅스 본사와의 계약에 따라 플레이네트워크사로부터 배경음악들이 들어있는 CD를 장당 미화 30.79달러(운송료 3.79달러 포함)에 구매하여, 국내 각지에 있는 스타벅스 커피숍 매장에서 그 배경음악으로 플레이네트워크사가 제공한 플레이어를 이용하여 재생시켜 공연하였다. 그런데 위 CD는 암호화되어 있어 플레이네트워크사가 제공한 플레이어에서만 재생되고, 계약에서 정해진 기간이 만료되면 더 이상 재생되지 않았으며, 스타벅스 코리아는 이를 폐기하거나 반환할 의무를 부담하고 있었다.

상업용 음반을 사용한 경우에만 저작권료 지급 면제

대법원에서는 이 사건에서 위 CD는 플레이네트워크사의 스타벅스 본사에 대한 배경음악 서비스 제공의 일환으로 스타벅스 본사의 주문에 따라 한국 등 세계 각국의 스타벅스 지사에게만 공급하기 위하여 제작된 불대체물일 뿐 시중에 판매할 목적으로 제작된 것이 아니므로, 저작권법 제29조 제2항에서 정한 '판매용 음반'

에 해당하지 않는다고 판시하였다.

대법원 판결에서 설시한 이유를 정리해 보면 다음과 같다. "저작권법 제29조 제2항은, 청중이나 관중으로부터 당해 공연에 대한 반대급부를 받지 않는 경우 '판매용 음반'을 재생하여 공중에게 공연하는 행위가 공연권 침해를 구성하지 않는다고 규정하고 있다. 그런데 위 규정은, 공연권의 제한에 관한 저작권법 제29조 제1항과는 다르다. 제29조 제1항에서는 영리를 목적으로 하지 않고 청중이나 관중 또는 제3자로부터 어떤 명목으로든지 반대급부를 받지 않는 경우, 또한 실연자에게 통상의 보수를 지급하지 않는 경우에 한하여 공표된 저작물을 공연 또는 방송할 수 있도록 규정하고 있다. 이와 달리 제2항에서는, 당해 공연에 대한 반대급부를

받지 않는 경우라면 비영리 목적을 요건으로 하고 있지 않다. 따라서 비록 공중이 저작물의 이용을 통해 문화적 혜택을 향수하도록 할 공공의 필요가 있는 경우라도 자칫 저작권자의 정당한 이익을 부당하게 해할 염려가 있다. 그러므로, 위 제2항의 규정에 따라 저작물의 자유이용이 허용되는 조건은 엄격하게 해석할 필요가 있다. 한편, 저작권법 제29조 제2항이 위와 같이 '판매용 음반'을 재생하여 공중에게 공연하는 행위에 관하여 아무런 보상 없이 저작권자의 공연권을 제한하는 취지에는 저작권자의 이익도 고려되어 있다. 즉 음반의 재생에 의한 공연으로 그 음반이 시중의 소비자들에게 널리 알려짐으로써 당해 음반의 판매량이 증가하게 되고 그에 따라 음반제작자는 물론 저작권자 또한 간접적인 이익을 얻게 된다는 점도 고려되었을 것이다. 이러한 규정의 내용과 취지 등에 비추어 보면 위 규정에서 말하는 '판매용 음반'은 시중에 판매할 목적으로 제작된 음반을 의미하는 것으로 제한하여 해석함이 상당하다."

즉 대법원 판결에 따르면, 매장에서 BGM을 틀면서 그 저작권료를 지급하지 않아도 되는 음반이란, 그러한 음반 공연의 반사적인 효과로 음반의 판매량도 증가할 가능성이 있는 상업용 음반만을 의미한다는 것이다. 이 판결은 위 조항의 적용을 받는 음반의 범위를 '상업용 음반'으로 명확히 하였다는 점에서 중요한 선례가 되있다.

앞으로는 커피 전문점 등에서도 BGM 저작권료를 지급해야 함

한편 이와 같이 상업용 음반을 이용하여 고객 밀집 장소에서 자유롭게 BGM을 틀 수 있도록 할 경우 저작권자의 저작재산권이 지나치게 제한 및 침해될 우려가 있다. 그래서 위 저작권법 조항 단서에서는 예외적으로 대통령령으로 정하는 경우에는 저작권료를 지불해야 하는 것으로 해 놓았는데, 그동안은 그 범위가 단란·유흥주점, 전문적인 음악감상실, 호텔, 대형마트, 백화점 등으로만 한정되어 있었다. 하지만 그 범위가 지나치게 좁아 저작권자의 권리를 지나치게 제한해 왔다는 비판이 있었다.

이러한 의견을 수용하여 문화체육관광부는 2017년 5월 입법예고를 거쳐 의견을 수렴하여 2017년 8월 22일 음악 사용률이 높고, 영업에서 음악 중요도가 높은 커피 전문점, 생맥주 전문점, 체력단련장, 복합 쇼핑몰 등을 저작재산권자가 공연권을 행사할 수 있는 시설에 포함시키는 내용으로 저작권법 시행령을 개정하였다.

개정된 시행령은 2018년 8월 23일부터 효력이 발생하였다. 따라서 이날부터는 커피 전문점, 호프집, 체력단련장, 복합 쇼핑몰 등에서도 상업용 음반이나 영상저작물을 재생하기 위해서는 저작재산권자의 이용허락을 받아야 하고 그 이용허락에 합당한 저작권료를 지불해야 한다. 따라서 앞으로는 커피 전문점, 호프집, 체력단련장, 복합 쇼핑몰 등에서 자유롭게 음악소리를 듣거나 영상물을 보는 경우가 줄어들 수도 있을 것 같다.

이러한 제도의 시행으로 인해 친숙한 공간에서 그간 자유롭게 들을 수 있었던 음악을 제대로 들을 수 없게 된다면 많이 허전하고 아쉬울 것이다. 하지만 다른 한편으로 생각하면 좋은 음악과 영상저작물을 만들기 위해 노력했던 저작권자의 권리가 두텁게 보호되어, 그만큼 양질의 음악과 영상저작물이 창작될 수 있는 환경이 만들어지는 것으로 볼 수도 있다.

이러한 점은 마치 동전의 양면과도 같다고 할 것이다. 아무튼 앞으로 커피 전문점 등을 경영하려는 자는 BGM 사용시 저작권과 관련하여 각별한 주의를 할 필요가 있다.

Chapter 25

기업법무와 로펌변호사의 역할

• • •

대형 로펌에서 다루는 M&A 등 기업법무는 단기간에 많은 인원이 투입되어 고도의 집중력과 전문성을 가지고 처리해야 하는 업무이다. 이를 잘 하기 위해서는 법률지식뿐만 아니라 해당 산업에 대한 전문가 수준의 이해와 경험이 필요하다. 또한 번득이는 천재성보다는 꾸준하게 일하는 성실성이 요구된다. 대형 프로젝트를 이끄는 팀장급 변호사는 마치 오케스트라의 지휘자와도 같이 여러 개성 있는 변호사들을 조율할 수 있는 리더쉽이 있어야 한다.

이 챕터에서는 필자의 개인적인 경력을 곁들인 조금 가벼운 주제를 가지고 풀어나가 보려고 한다. 필자는 법조경력을 판사로 시작하였다. 모두 알다시피 판사는 민사와 형사 사건에서의 재판 및 판결선고가 주된 업무이다. 반복되는 재판 업무에 지친 필자는 평소 해 보고 싶던 기업법무에 눈을 돌리게 되었다. 마침 삼성그룹에 입사할 기회가 있었다. 삼성그룹으로 자리를 옮기고 얼마 되지 않아서 우리나라에는 소위 IMF 경제위기가 찾아왔다. 기아, 쌍용, 대우 등 수많은 기업이 도산하는 와중에 삼성그룹도 삼성자동차의 사업실패로 큰 어려움이 닥쳐 왔다. 구조조정 작업이 시작되었다. 필자는 삼성중공업 중장비 부문을 볼보에 매각하는 작업부터 시작하여 삼성자동차의 법정관리 신청에 이르기까지 삼성그룹에서 진행된 많은 구조조정 작업에 법률자문 역할로 참여하면서 M&A와 기업법무, 기업재무(corporate finance), 기업회생 및 도산법에 눈을 뜨게 되었다.

2000년대에 접어들어 삼성그룹이 삼성전자를 중심으로 비약적으로 발전하면서 안정을 찾게 되자 뜻하지 않게 삼성특검 사태가 일어났다. 삼성그룹의 경영권 승계 문제와 관련된 삼성에버랜드 전환사채 저가발행 등이 문제되어 삼성그룹의 회장과 경영진이 배임죄로 기소되었다. 필자는 사내변호사로서 이러한 과정을 수습해 나가는 과정에서 기업지배구조와 임원의 책임, 배임죄의 적용 문제 등에 대하여 자연스럽게 전문가가 되었다. 그리고 그 후 삼성그룹을 나와 대형 로펌의 파트너 변호사로 일하면서 M&A 등 기업법무와 기업소송의 일선에서 뛰게 되었다. STX, 한화, 동부, SK 그룹 등 많은 기업의 구조조정 및 M&A 업무를 직접 처리하였다. 그리고 이러한 경험을 바탕으로 지금도 많은 기업과 개인 고객들의 크고 작은 법률문제를 도와 주고 있다.

필자가 걸어온 길은 조금 특이하다. 지금은 필자와 똑같은 길을 걷고 싶어도 불가능할 것으로 보인다. 로스쿨 제도가 정착되면서 이제는 기업법무를 경험하고 싶으면 졸업과 동시에 대형 로펌에 입사하는 것이 최선의 방법이다. M&A로 대표되는 기업법무는 대형 로펌의 전매특허와도 같기 때문이다. 여러 국내외 매체에서 M&A 업무수행 실적을 기준으로 로펌 순위를 매기고 있고, 대형 로펌들은 여기에 많은 신경을 쓴다. 그리고 대형 로펌에서 기업법무 업무를 하기 원하는 로스쿨의 예비 변호사들은 회사법, 조세

법, 노동법, 공정거래법 등 M&A와 직, 간접적으로 관련된 법 과
목들을 중점적으로 공부하게 된다.

효과적인 법률자문 하기 위해 기업경영 이해 필요

M&A는 기업이 주체가 되는 가장 극적이고 규모가 큰 경제활동
이다. M&A의 결과에 따라 기업의 성공 혹은 실패라는 운명이 결
정되기도 한다. SK그룹이 유공(현재의 SK이노베이션), 한국이동통
신(현재의 SK텔레콤), 하이닉스(현재의 SK하이닉스) 등을 인수하여 비
약적으로 성장해 온 경우는 대표적인 성공사례이다. 반면에 금호
그룹의 대우건설 인수 등은 대표적인 실패사례로서, 이로 인하여
그룹의 모체마저 무너져 버린 경우이다. 이와 같이 중요한 거래이
기 때문에 투자전문가뿐 아니라 회계전문가, 법률전문가 등의 도
움이 꼭 필요하다. 로펌 변호사는 효과적인 법률자문을 제공하기
위해 기업의 경영에 대한 이해가 필수적이다. 필자와 같이 직접
기업 내부에서 경영을 경험해 본 경우라면 더욱 좋다. M&A를 주
관하는 투자전문가가 하는 가장 중요한 역할은 매매대상인 기업,
즉 주식의 가치평가와 가격협상이므로, 그 과정에서 로펌 변호사
가 역할을 제대로 하기 위해서는 역시 그 과정을 잘 이해해야 한
다. 가치평가와 가격협상은 회계자료를 기초로 하므로 회계에 대
한 이해도 필수이다.

과거 법과대학과 사법시험, 사법연수원으로 대표되는 법조인
양성시스템으로는 이러한 업무를 잘 할 수 있는 전문가를 길러내

지 못하였다. 현재의 로스쿨 시스템도 별로 나아진 것 같지는 않다. 결국 로펌 현장에서의 도제식 교육과 경험의 습득을 통하여 기업법무 전문가가 될 수밖에 없다. 대상 산업에 대한 이해는 필수이다. 사법연수원이나 로스쿨에서 법률 스킬을 배울 수는 있지만, 그 외의 것은 가르치지 않는다. 관심 있는 산업의 동향이나 관련 전문지식은 각자 알아서 배워야 한다. 예를 들어 국제금융시장에서 활약하는 변호사가 되고 싶다면 국제금융에 정통해야 한다. 파생금융상품이 무엇이고 사모펀드나 헷지펀드가 무엇인지 모르는데 어떻게 관련 법률자문을 할 수 있겠는가. 그러나 법률공부도 힘에 부치는데 어떻게 대상 산업의 전문가 수준의 실력을 갖출 수 있을까? 처음에는 선배 변호사가 주도하는 프로젝트에 참여하면서 어깨 너머로 배우는 수밖에 없다. 관련 프로젝트를 진행하면서 철저하게 공부하는 자세로 참여해야 한다. 그렇게 경험이 쌓이면 해당 업계의 많은 사람을 알게 되고 지식과 정보가 늘어나게 된다. 그리고 자연스럽게 해당 분야의 법률전문가 소리를 들을 수 있게 된다. 즉 변호사는 같이 일하는 사람을 통해서, 심지어는 적군을 통해서도 업무를 효율적으로 배울 수 있다. 필자 역시 그동안 처리한 수많은 프로젝트들에서 협상 상대방의 업무 처리 스킬을 보고, 때로는 감탄하면서, 또 때로는 흉내내면서, 이를 내 것으로 만든 적이 실제로 많이 있다.

리더십 갖춘 강인한 체력과 정신력도 필수 항목

기업법무를 주로 처리하는 로펌 변호사는 어떤 성격을 가진 사람이 보다 유리할까? 흔히 대형 로펌의 변호사들이 일을 많이 한다는 것은 잘 알려져 있으나 그 실상을 밖에서 알기는 어렵다. M&A 등 프로젝트가 돌아가기 시작하면 단기간 내에 많은 양의 서류와 정보를 처리해서 보고서와 문건을 만들어 내야 한다. 어쩔 수 없이 밤낮으로 일하는 수밖에 없다. 따라서 강인한 체력과 정신력은 필수이다. 그러면 과연 얼마나 많은 시간 동안 일을 할까? 보통 한 달에 200시간 정도는 해야 한다. 200시간이 많지 않다고 생각할 수 있으나, 위 200시간은 고객에게 보수를 청구할 수 있는 순도 높은 시간이다("billable hours"라고 한다). 이만큼의 billable hours를 만들어 내려면 보수를 청구할 수 없는 시간, 예컨대 일반 사무 및 행정적인 업무 처리 시간, 내부 보고서 작성 시간, 제안서 작성 시간, 대외활동 및 공익활동 소요 시간 등까지 합치면 적어도 한 달에 300시간은 일해야 한다는 계산이다. 물론 밥 먹는 시간, 휴식 시간, 친구와 전화하는 시간은 포함되지 않는다.

로펌에서의 일의 성격과 그에 대한 금전적 평가가 이와 같이 정량적으로 이루어지기 때문에 지나치게 창의적이거나 자유분방한 사람은 로펌 변호사의 적성에 잘 맞지 않는다. 고객에게 수백억, 수천억원이 왔다 갔다 하는 중요하고 어려운 문제를 기발한 아이디어 하나로 처리해 주었다고 해 보자. 변호사 보수에 대한 정성적 평가 금액은 수십억원의 가치가 있을 수도 있다. 그러나 billable hours로 계산되는 정량적 평가로는 불과 1~2시간의 보수

(금액으로는 수십만원 선)밖에는 청구하지 못할 수도 있다. 따라서 로펌 변호사는 천재일 필요가 없다. 그보다는 평균 이상의 지적 능력 및 뛰어난 체력을 갖추고 꼼꼼하고 성실하게 일하는 사람이 성공할 가능성이 높다. 특히 금융이나 M&A 등 기업법무 분야는 수많은 세부적인 이슈들과 쟁점에 지나칠 정도로 집중력을 발휘할 수 있는 사람이 적합하다.

기업법무 로펌 변호사는 동료들과 협력이 중요

기업법무를 주로 하는 로펌 변호사는 동료들과의 협력도 중요하다. 대형 프로젝트는 혼자 또는 몇 명이 할 수 없다. 많은 사람들이 효율적으로 팀 플레이를 해야만 한다. 로펌 외부에서 일하는 고객 회사의 직원들과 회계사, 세무사 등의 외부 전문가까지 합치

면 수십 명이 투입되는 것은 다반사이다. 그러므로 리더쉽과 조직력, 조화로운 성격 등이 요구된다. 실제로 협업 관계에서 한 명이 독불장군이거나 게을러서 맡은 임무를 펑크 내면 프로젝트 전체가 흔들릴 수도 있다. 그러면 그런 변호사와는 다시는 아무도 같이 일을 하려고 하지 않는다. 개성이 강하고 자부심이 강한 전문가들의 세계에서 자기를 낮추고 남들과 협력관계를 잘 구축하는 것이 말처럼 쉬운 것은 아니다. 특히 고객들과 직접 접촉하는 선배 파트너 변호사들은 후배의 실수도 뒤집어쓸 줄 알아야 한다. 그래서 프로젝트의 리더격인 변호사는 오케스트라의 지휘자와도 같은 존재이다. 프로젝트에 적합한 변호사들을 적재적소에 배치하고 역할 분담을 잘 시켜서 최고의 업무성과를 도출해 내야 한다. 천성적으로 이러한 협업이 적성에 맞지 않고 솔로를 즐기는 스타일인 경우는 기업법무를 하기보다는 고독한 검투사와도 같은 송무변호사를 하는 것이 더 낫다.

필자는 이제 대형 로펌에서의 생활을 청산하고 작은 규모의 로펌에서 대표변호사를 맡고 있다. 로펌 규모상 대기업의 큰 프로젝트를 진행할 일은 거의 없겠지만, 과거에 쌓아 왔던 치열했던 경험은 대형 로펌을 가기 어려운 중견, 중소 기업들의 현안을 효율적으로 처리해 줄 수 있는 알찬 밑거름이 되고 있다.

Chapter 26

청탁금지법의 올바른 시행기준

• • •

청탁금지법 속칭 김영란법이 시행된 지 몇 년의 시간이 흘렀다. 아직까지는 이를 준수하는 데 다소의 불편함이 있고, 무엇이 예외사항에 해당하는지 애매모호한 면도 있다. 특히 공식적인 행사, 기업의 후원, 기자에게 제공되는 공연티켓 등의 분야에서 그렇다. 여기에서는 이들 사항들에 대하여 일응의 해석기준을 제공해 보고자 한다.

2016년 9월 28일부터 "부정청탁 및 금품등 수수의 금지에 관한 법률"(약칭 "청탁금지법")이라는 긴 이름의 법률이 시행되고 있다. 세간에서는 전직 국민권익위원회 위원장의 이름을 따서 소위 "김영란법"으로 불리워지고 있다. 아직 시행 초기이지만, 이 법은 우리 사회에 뿌리박힌 공직자, 언론인, 교육자 등에 대한 청탁과 접대 문화를 일거에 해소하는 긍정적 효과를 가져 온 것으로 보인다. 반면에 모호한 규정과 애매한 해석으로 인하여 어떤 식으로 행동해야 좋을지 모르겠다는 불만의 소리도 터져 나온다. 나아가서는 공직자와 민간 사이의 정상적이고 바람직한 커뮤니케이션 창구마저 틀어막고 보신주의만 만연하여 오히려 국가발전의 장애물이 되고 있다는 비판의 목소리도 들린다. 이 글의 목적은 이 법의 내용을 올바로 이해하고 불합리한 부분에 대해서는 하루 빨리 권익위의 유권해석과 법원의 판례 등을 통하여 정리가 될 수 있도록 촉구하는 데에 있다.

청탁금지법은 부정부패에 관한 기존의 법리를 뛰어넘는 획기적인 법

이 법은 종래 형법상 뇌물죄 규정 등에 의하여 규율되던 부정부패의 법리를 한 단계 뛰어넘고 있다. 즉 대가성이 없는 금품수수에 대하여도 처벌하고, 금품수수가 수반되지 않는 부정청탁에 대하여도 처벌하고 있다. 뇌물죄를 적용하기 위해서는 직무관련성과 대가성이 엄격하게 요구되고 있는 것과 극명한 대비가 된다. 몇 년 전 세상을 떠들썩하게 만들었던 소위 "벤츠 여검사 사건"에서도 대가성이 없다는 이유로 뇌물죄 부분은 무죄가 확정된 바 있지 않은가. 나아가 적용대상자에 언론기관 및 교육기관 종사자들까지 추가된 것은 가히 획기적이라 할 만하다.

필자는 변호사라는 직업상 김영란법의 시행 전후를 통하여 이 법의 해설을 위한 강의를 수십 차례 하였고, 많은 기업들에게 이 법의 적용과 관련된 자문을 하여 오고 있다. 그 과정에서 나온 여러 질문 사항 중 다음 세 가지가 가장 이슈가 되고 있다. 첫째는 공식행사와 관련된 음식 접대 및 편의제공이 법 위반인지, 둘째는 기부, 협찬, 후원 등이 법 위반인지, 셋째는 기자의 취재활동을 위한 공연티켓, 입장권 등의 무상 제공이 법 위반인지이다. 아직 판례가 확립되었다고 보기는 힘들지만, 일단 이들 쟁점들에 대하여 일응의 해석 기준을 제공해 보고자 한다.

공식적인 행사라면 반드시 된장국에 밥만 제공할 필요는 없어

첫번째 쟁점의 경우, 청탁금지법에 따르면 공직자등의 직무와 관련된 공식적인 행사에서 주최자가 참석자에게 통상적인 범위에서 일률적으로 제공하는 교통, 숙박, 음식물 등의 금품은 예외사유에 해당하여 허용되도록 되어 있다. 주로 기자회견이나 공직자 등이 참석하는 연수 프로그램, 학술 대회 등이 문제가 될 것이다. 무엇보다도 어디까지가 허용되는 공식적인 행사인지, 통상적인 범위란 어디까지를 말하는지가 애매하다. 이에 대하여 국민권익위원회는 다음과 같은 해석 기준을 내어 놓았다. 공식적인 행사가 되기 위해서는 주최기관의 업무 및 사업의 시행과 직접적인 연관성이 있어야 하고, 참석 대상자가 특정되거나 차별되어서는 안 된다. 그리고 행사의 전체 또는 일부가 공개되어야 하고, 행사비용이 적정 수준에서 정상적인 예산집행절차를 거쳐 집행되어야 한다. 예컨대, 연두 업무계획 발표를 하기 위해 해당 기관의 출입기자단을 대상으로 기자 간담회를 실시하는 경우라면 행사의 목적 및 내용, 참석의 개방성 등이 인정되어 공식행사로 인정될 수 있다. 그러나 홍보의 목적으로 일부 특정 언론사들을 대상으로 기자 간담회를 실시하는 경우라면 공식행사로 인정받기 곤란할 것이다.

또한 통상적인 범위가 되기 위해서는 행사목적에 맞는 적정 수준의 금액 범위 내이어야 하고, 행사의 목적 및 내용에 비추어 행사개최 장소에서의 행사가 불가피해야 한다. 예컨대, 기업이 주최자가 되어 경영포럼을 라스베가스에서 개최하면서 관련 부처 공무원, 기자 및 학계 전문가 등을 초청하여 항공료, 숙박료, 식비 등을 지원하고 경영포럼을 개최하는 경우라면, 관련 전문가나 시설 등이 라스베가스에만 있어 해당 포럼을 해외에서 개최해야 할 불가피한 사정이 있다고 보기 어려우므로 통상적인 범위로 볼 수 없을 것이다. 반면에 공식행사에 해당한다면 참석자에게 제공되는 음식이 반드시 3만원 이하일 필요는 없다. 반드시 된장국과 밥, 계란말이와 동그랑땡 정도로 구성된 저렴한 음식을 제공하지 않고, 스테이크와 샐러드를 제공해도 된다는 말이다. 따라서 너무 겁먹을 일은 아니다.

기업의 협찬도 투명하게 이루어질 때는 무방

두번째 쟁점의 경우, 기업의 후원, 협찬, 기부 등은 청탁금지법상의 예외 사유 중 "정당한 권원(權原)에 의하여 제공되는 금품등"(제8조 제3항 제3호) 또는 "그 밖에 다른 법령·기준 또는 사회상규에 따라 허용되는 금품등(제8호)에 해당할 수 있는지 여부로 판단해야 할 것이다. 일반적으로 후원이란 상업적인 목적이나 금전을 매개로 하지 않는 도움을 줄 때 쓰이는 용어이며, 협찬은 금전적인 면에서 도움을 줄 때 쓰이는 용어이다. 또한 기부금품이란 환영금품, 축하금품, 찬조금품 등 명칭이 어떠하든 반대급부 없이

취득하는 금전이나 물품을 말한다(기부금품법 제2조 제1호).

국민권익위원회의 유권해석에 따르면, 기업이 공공기관이나 언론사, 교육기관 등에 제공하는 협찬이 절차적 요건과 실체적 요건을 갖추어 정당한 권원이 있는 경우에는 위 예외사유에 해당하여 허용될 수 있다고 한다. 그러기 위해서는 먼저, 절차적 요건으로, 공공기관 등의 내부규정과 절차에 따라 사업계획에 반영되고, 공공기관 등과 협찬자의 투명한 절차에 따른 계약의 체결이 있어야 한다. 또한 실체적 요건으로, 체결한 계약의 내용이 일방적이지 않고 협찬의 내용과 범위에 상응하는 대가관계(반대급부)가 존재해야 한다. 만약, 기업이 일정한 반대급부를 받는다면, 예컨대 기업이 학회행사에 초대

를 받는다든지, 또는 유인물이나 학회지에 기업의 광고나 홍보성 문구를 게재해 준다든지 하게 되면, 그러한 반대급부가 투명하고 상당성이 있을 경우 청탁금지법 상의 예외를 적용받아 청탁금지법 위반이 되지 않을 것이다.

담당기자가 제공받는 프레스 티켓은 예외적으로 허용

세번째 쟁점에 대해서, 국민권익위원회는 당초 언론사의 담당기자가 취재를 위해 5만원이 넘는 공연 티켓을 받을 경우 청탁금지법상의 제재 대상이 된다고 해석한 바 있다. 그러나 언론사 문화부의 기자가 취재를 위해 일일이 몇 십만 원씩 하는 비싼 공연 티켓을 자기 돈으로 사서 보아야 한다는 것은 현실적이지 않다는 이유로 이에 대하여 비판적인 견해도 매우 많았다. 그런데 국민권익위원회, 법무부, 법제처, 기획재정부 등으로 구성된 정부 관계부처 합동 '청탁금지법 해석지원 태스크포스(TF)'는 지난 2016년 10월 28일 1차 회의를 열어 이에 대한 입장을 정리하였다. TF는 "문화 · 예술 · 체육 등 관련 분야 기자는 취재 목적으로 프레스 티켓(press ticket)을 받아 공연을 관람하고 기사를 작성하는 것이 고유한 업무"라면서 "주최자의 홍보정책에 따라 취재 목적으로 출입하는 기자 본인에게 발급되는 프레스 티켓은 청탁금지법상 사회상규에 따라 허용된다"고 발표하였다. 기존의 국민권익위원회 유권해석을 뒤집은 것이다. 합리적인 결정이라고 생각된다. 하지만 프레스 티켓이라 하더라도 본래의 목적이 아니라 다르게 사용되는 경우, 즉 취재 담당기자가 이를 받아서 타인에게 양도하는 경우는 여전히 금지된다고 할 것이다.

　이상으로 현재 청탁금지법과 관련하여 가장 이슈가 되고 있는 세 가지 해석기준에 대하여 살펴 보았다. 우리나라에서는 새로운 법이나 제도가 도입되면 이를 잘 준수하겠다는 생각보다는 거기에 어떤 허점이나 구멍이 있나 연구하여 피해 나갈 궁리를 하는 경향이 있다. 청탁금지법의 경우에도 단기적으로는 이를 피해 나가기 위한 온갖 탈법적, 편법적 행위들이 은밀하게 행해질 가능성도 있을 것이다. 하지만 이 법이 자리잡아 연고주의, 온정주의에 터잡은 청탁과 향응 제공이 매우 불편하게 되는 반부패문화가 정착되면 이러한 편법들도 자연스럽게 사라지게 될 것이다. 그 날이 빨리 오기를 기대해 본다.

Chapter 27

기업구조조정과 채권단 자율협약

• • •

경영상 어려움으로 자금난을 겪는 기업의 경우 채무이행불능 상태에 빠지게 되면 법원에 의하여 진행되는 기업회생(법정관리)이나 파산의 길을 가야 한다. 이는 경영 실패에 책임이 없는 기업의 거래처와 직원 등 여러 선의의 이해관계자들에게도 금전적 손실과 희생을 강요하는 절차이다. 그래서 이러한 최후 수단보다는 사전적 구조조정이 좋은 방안이 될 수 있다. 그러나 기업이 채권금융기관과 맺는 자율협약 위주로 진행되는 사전적 구조조정은 그 좋은 취지에도 불구하고 실무상 채권금융기관의 이익만을 위하여 비효율적, 편파적으로 운영되고 있는 문제점이 있다.

기업의 구조조정은 과다부채, 유동성 부족 등으로 경영위기에 빠진 기업의 회생을 도모하기 위한 절차이다. 때로는 기업 스스로 자산을 매각하는 등 자발적인 형태로 이루어지기도 하나, 채무자인 기업의 힘만으로 부족할 때는 채권자 주도형 또는 법원 주도형으로 진행되기도 한다. 채권자 주도형 구조조정 방식으로는 채권금융기관 공동관리(자율협약) 및 워크아웃이 있고, 법원 주도형 구조조정 방식으로는 법정관리(기업회생)가 있다. 부실기업 처리의 강제성을 따지면 법정관리 > 워크아웃 > 자율협약 순이 되어야 한다. 그런데 문제는 기업의 자율성이 가장 많이 보장되고 따라서 기존 경영자가 누리는 효과가 가장 커야 할 자율협약이 실제로는 그렇게 운영되고 있지 않다는 것이다. 뿐만 아니라 작금의 현실은 은행 위주의 채권단이 자율협약을 진행하면서 일부 위법 가능성이 높은 운영방식을 택하고 있어서 문제이다.

채권단 자율협약 진행시 공정성 시비 발생하기도

근래 자율협약이 진행되었던 몇몇 사례를 살펴보자. STX, 금호, 동부 등의 사례에서 채권단은 예외 없이 기존 경영진의 경영 실패에 대한 책임을 물어 100대 1 감자 등을 통해 경영권을 박탈하였다. 그러나 그러한 감자가 경영위기에 빠진 모든 기업에 대하여 모두 똑같이 적용되어야만 한다는 필요성과 공정성, 그리고 적법성의 근거는 찾기 어렵다.

더욱 큰 문제는 채권금융기관이 별다른 합리적 이유도 없이 정치적 이유나 경영진과의 친소관계 등에 의하여 비효율적, 편파적 결정을 할 수도 있다는 점이다. 특히 동부제철 구조조정 과정에서 이러한 의혹이 부각되었다. 채권단은 STX에 대해서는 2조원, 금호에 대해서는 2조 6천 5백억원의 출자전환으로 경영권을 박탈한 데 비해 동부제철에 대해서는 단지 530억원의 출자전환만으로 채권단이 51%의 지분을 확보하여 경영권을 박탈하였다. 뿐만 아니라 100대 1 감자의 근거가 된 자산부채 실사에서도 토지 및 건물에 대하여 STX나 금호는 장부가 혹은 감정가로 평가한 반면 동부제철은 공시지가로 평가함으로써 실제가치를 과소평가하였다는 의심을 받았다. 이와 같은 과소평가를 통해 억지로 자본잠식 상태를 만들어 대규모 감자가 불가피한 논거로 내세웠다는 것이다.

　위 사례들의 경우 구조조정을 주도한 주 채권은행은 모두 국가 기관이나 다름 없는 산업은행이었다. 산업은행은 실제로 대우조선해양 부실경영 및 분식회계 과정에도 개입한 혐의를 받고 있다. 국책은행이 포함된 채권단이 이러한 공정성과 형평성 논란을 불러일으키는 것은 절대로 바람직하지 않음은 물론이다. 자칫하면 정부 차원에서 특정기업은 봐 주고 다른 기업은 죽인다는 의혹을 살 수 있기 때문이다. 만약 형평성이 문제가 되고 실사자료의 공정성이 문제가 된다면, 자칫 감자무효소송으로 감자 자체가 무효가 될 수도 있다. 이는 시장에 더 큰 혼란만을 가져올 것이다.

　제3자(법원)가 공정성을 판단하는 법정관리와 다르게 자율협약이나 워크아웃은 일정한 기준이 없이 일방 당사자인 채권단이 주도권을 갖게 되어 있다. 유동성 압박에 처한 기업이 채무조정 과정을 거쳐 자율협약 단계에 이르면 기업과 채권금융기관 사이에는 소위 갑을 관계가 형성된다. 따라서 채권단 자율협약에 의한 경영권박탈은 다분히 기업에 대한 징벌적 성격을 띠게 된다. 공정성·형평성 이슈가 징벌적 감자의 형태로 나타나면 기업의 반발은 당연한 것이 될 수밖에 없고, 이는 구조조정의 실패라는 결과 및 그 책임 문제 등 또다른 분란의 시작이 된다.

무차별적인 징벌적 감자는 또다른 문제의 시작

한편 기존 경영진의 경영실패 책임을 묻는 것이 일정 부분 불가피하다 하더라도 경영에 전혀 관여하지 않은 다른 특수관계인 및 계열 금융회사까지도 일률적으로 죄인 취급하여 100대 1 감자에 동참시키는 것도 문제이다. 구조조정 기업이 계열 보험회사를 두고 있을 경우를 생각해 보자. 수많은 보험계약자로부터 거두어들인 보험료로 자산을 형성하고 이를 잘 운용하여 수익을 냄으로써 보험금 지급에 만전을 기하고 건전한 운영을 하여야 하는 계열 보험회사의 입장에서는 기가 막힐 노릇이다. 횡령이나 배임 등 범죄적 행위로 재산을 빼돌림으로써 회사가 부실에 빠진 경우가 아닌 바에야 외부 경영환경의 변화로 일시적 유동성 위기에 몰린 기업의 대주주라고 해서 무조건 경영실패의 책임을 지울 것은 아니다. 자기 책임이 아닌 것에 대하여 책임을 지우는 것은 전혀 합리적이지 않고 위헌적 요소마저 엿보인다.

절차적인 면에서도 문제가 많다. 채권단에서는 감자의 전제로서 자율협약 대상 기업의 대주주로부터 감자동의서를 받는다. 그런데 채권단은 대주주에게 동의서는 요구하면서 정작 대주주(상장법인인 법인주주)의 이사회에서 동의 여부를 판단할 수 있는 충분한 근거자료는 제공하지 않는다. 동의서의 문구도 "향후 감자를 포함한 채권단의 결정 및 조치에 대하여 어떠한 이의도 제기하지 않겠다"는 것으로 대단히 일방적이고 강압적이다. 이사회가 동의를 하지 않으면 추가적인 자금지원을 끊겠다고 위협하기도 한다. 뒤집어 보면 은행들이 자율협약의 정신에 반하여 채무불이행을 하고 있는 셈이기도 하다. 자율협약이란 유동성 부족 등으로 경영상의 어려움에 빠진 기업이 경영정상화에 필요한 조치를 채권단에 위임한 것이다. 그러므로 채권단은 위임의 본질에 맞게 자금지원 등을 통해 일시적인 유동성 부족을 해소하고 악화된 경영환경을 극복할 수 있는 성장동력을 공급하는 것이 그 일차적인 의무이자 책임이다. 경영권박탈은 위임의 본질이 아니다. 자율협약을 빌미로 그 권한을 남용해서는 안 되는 것이다.

자율협약의 이름에 걸맞는 실무관행 확립이 필요

기업에 있어서 경영권은 무엇보다도 귀중한 사유재산권이다. 외부 경영환경의 변화로 일시적인 자금 경색을 겪고 있는 기업에 대해서까지 무조건적으로 경영실패라는 주홍글씨로 낙인을 찍고 경영권을 박탈하는 것은 국민의 사유재산권 침해이다. 이런 식으로 운영되는 현재의 자율협약 실무는 마땅히 개선되고 지양되어야 한다.

　자율협약을 신청한 기업은 어떻게 보면 법정관리를 신청한 기업
보다 선의의 기업이다. 왜냐하면 법정관리에 들어가게 되면 채권
동결과 탕감이 불가피하여 채권자는 물론이고 국가경제에 미치는
타격이 훨씬 크기 때문이다. 이러한 타격을 염려하여 법정관리보
다는 자율협약을 선택한 기업에 대해서는 일정한 보호를 해주어
야 자율협약제도가 제대로 정착될 수 있다. 법정관리에서조차도
"기존 경영자 관리인 제도"(DIP: Debtor-in-Possession)를 통하여 경
영권을 보호하고 있으며, 이는 효율성을 최고로 치는 미국의 기업
갱생제도 하에서도 일반적인 관행으로 정착되어 있다. 결국 이는
경영자를 보호한다는 측면보다는, 경영과 기업정상화는 채권단보
다 기존의 경영자에게 맡기고 감독하는 것이 최선이라는 판단이

DIP(Debtor-in-Possession) 제도

기업회생절차(법정관리)를 신청한 기업의 기존 경영진을 법정관리
인으로 선임해 계속해서 경영을 맡기는 제도를 말한다. 종래 법정
관리 제도하에서는 법정관리를 신청한 기업의 기존 경영진을 배제
하고 외부로부터 영입한 제3자를 관리인으로 선임했었다. 그 결과
경영권을 유지하기 위하여 기업이 완전히 망가질 때까지 법정관리
신청을 기피하는 것이 일반적이었고, 이러한 부작용을 없애기 위해
2006년 통합도산법 신설 당시 DIP 제도를 도입하였다. 하지만 이
제도 하에서도 만약 현 경영진이 부실 경영에 중대한 책임이 있거
나 횡령 · 배임 등의 문제가 있으면, DIP를 적용하지 않고 법원이
'제3자 관리인'을 선임한다.

작용한 것으로 볼 수 있다.

합리적이고 공정한 방식으로 자율협약제도가 운영되지 않는다면 자율협약을 신청하는 기업은 나오지 않을 것이다. 특히 대주주 경영자는 징벌적 경영권 박탈에 민감할 수밖에 없다. 이를 피하기 위해 대주주가 자율협약이나 워크아웃을 통한 선제적 구조조정의 기회를 택하기보다는 법정관리가 불가피한 시점까지 무리한 경영을 고집하게 될 우려도 있다. 기업구조조정 측면에서 국가경제의 큰 부담이 될 수밖에 없다. 향후 채권금융기관들이 시장경제의 안전판으로서 적법하고 타당한 방식으로, 공정성과 형평성을 유지하면서, 자율협약의 이름에 걸맞는 제대로 된 실무관행을 확립할 것을 기대해 본다.

Chapter 28

영업비밀 보호에 대하여

· · ·

어느 기업이나 그 기업만의 고유의 영업비밀을 가지고 있다. 그러나 영업비밀의 중요성에도 불구하고 평소 이를 제대로 관리하고 있는 기업은 생각보다 많지 않다. 우리나라에서 영업비밀은 주로 부정경쟁방지법에 의하여 보호받고 있으나, 기업의 내부 임직원이 이를 유출한 경우에는 형법상의 업무상 배임죄가 적용될 수도 있다.

특허와 영업비밀의 차이

기업이 개발한 신기술이나 기타 중요한 비밀정보를 보호하는 법제로는 특허제도와 영업비밀보호제도가 있다. 그 중 특허는 발명자로 하여금 새로 개발한 기술을 공개하게 함으로써 사회 전체의 발전에 기여하는 대신 그 대가로서 독점적인 권리인 특허권을 일정 기간 동안 행사하도록 허용하는 제도이다. 반면, 무형자산 보호의 또다른 축인 영업비밀보호제도는 공개되지 않은 무형자산을 그대로 비공개 상태로 유지하면서 보호하는 방식이다. 전자의 예로는 얼마 전 특허 보호기간이 종료한 비아그라 제조법 같은 것이 있고, 후자의 예로는 100년 넘게 영업비밀로 유지하고 있는 코카콜라 제조법 같은 것이 있다. 전자는 신기술을 공개하는 대가로 일정 기간 동안의 독점권을 국가가 보장해 주는 반면, 후자는 신기술을 공개하지 않고 무기한으로 독점하는 대신 그 유출에 따른 리스크는 원칙적으로 그 보유자가 부담해야 하는 차이가 있다.

이와 같이 특허의 보호 체계와는 다르지만 영업비밀의 경우에도 일정 요건 하에 이를 보호하는 법제가 마련되어 있다. 우리나라에서는 "부정경쟁방지 및 영업비밀 보호에 관한 법률"(이하 "부정경쟁방지법"이라 한다)이 중심축을 차지하고 있고, 그 외에도 "산업기술의 유출방지 및 보호에 관한 법률"이나 형법상의 업무상 배임죄 등에 의한 보호가 이루어지고 있다.

부정경쟁방지법에 의한 영업비밀의 보호

부정경쟁방지법상 영업비밀로 보호받으려면, 해당 정보가 공공연히 알려져 있지 않고, 독립된 경제적 가치를 가진 것으로서, 합리적인 노력에 의해 비밀로 유지된 생산방법, 판매방법, 또는 기술상·경영상 정보여야만 한다. 이는 설계도, 매뉴얼, 연구개발(R&D) 정보, 배합비율, 성분표 등 공개되지 않은 기술정보로부터 고객명부, 판매계획 등 경영정보까지도 포함하는 개념이다. 특히 마케팅 전략, 고객 리스트, 기업의 기본계획 등과 같은 경영정보는 기술적 사상의 창작으로 보기 어려워 특허권의 대상이 되지 않는 대신 영업비밀에 해당하는 경우에는 일정한 요건 하에 법적 보호를 받을 수 있도록 하고 있다.

즉 부정경쟁방지법상 영업비밀에 해당하려면 비공지성, 경제적 가치성, 비밀관리성의 세 가지 요건을 갖추어야 하는 것이다. 이 세 가지 요건 중 가장 논란이 되는 것은 '비밀관리성'이다. 과거 부정경쟁방지법은 '상당한 노력에 의하여 비밀로 유지될 것'을 그 요건으로 하고 있어서, 영업비밀을 제대로 관리하기 위한 내부통제 시스템을 갖추지 못한 대부분의 기업은 영업비밀보호법제의 혜택을 받지 못하였다. 이러한 문제점 때문에 2015년 1월 28일 부정경쟁방지법의 해당 조문은 '상당한 노력' 대신 '합리적인 노력'으로 개정되어 그 보호 요건이 완화되었다. 여기에 그치지 않고 특허청은 최근에 영업비밀의 요건으로 위 '합리적 노력' 마저 삭제하여 그 요건을 더욱 완화하는 개정 법률안을 국회에 제출하였고, 이에 따라 2019년 1월 8일부터는 단지 '비밀로 관리'되기만 하면 영업비밀로 인정되도록 법이 개정 시행되고 있다.

업무상 배임죄가 적용되는 경우

한편 위와 같이 까다로운 요건을 통과하지 못하여 영업비밀로 보호받지 못한다 하더라도 일정한 경우에는 그 침해자에 대하여 형법상의 업무상 배임죄가 적용될 수 있다. 이와 관련하여 중소기업의 경우 실제로 고객명부 유출이 많이 문제되고 있다. 고객명부를 비롯한 고객관리 자료는 기업의 중요한 영업정보로 활용되고 있으며, 최근에는 이를 컴퓨터의 데이터베이스 파일로 보관하여 관리하는 기업들이 대부분이다. 그러나 기업이 비밀로 관리해 왔고 기업 외부에 공개되지 않았다는 사실만으로 모든 고객명부가 영업비밀에 해당하여 보호받게 되는 것은 아니다.

왜냐하면 법원의 판례는 다음과 같은 매우 구체적인 기준을 설정하여, 여기에 해당할 경우에만 고객명부를 영업비밀로 보고 있기 때문이다. ① 외부에 어느 정도의 정보가 알려져 있는지, ② 영업에 관련된 직원들에게 얼마나 알려져 있는지, ③ 회사 차원에서 이를 비밀로 보호하기 위해 얼마나 많은 노력을 기울였는지, ④ 해당 정보의 가치는 어느 정도인지, ⑤ 정보를 취득하기 위하여 투입한 비용은 얼마인지, ⑥ 해당 정보를 취득하기 위한 곤란성의 정도는 어느 정도인지, ⑦ 대리인 관계 등의 계약관계가 존재하는지, ⑧ 직원과 고객 간의 개인적인 친밀도는 어느 정도인지, 그리고 ⑨ 시장에서의 경쟁성을 침해하는지 등을 종합적으로 고려하고 있다.

그러므로 기업의 내부 임직원이 고객명부를 무단 유출하여 자기 또는 경쟁회사의 영업에 활용하였다면, 피해자 회사가 해당 정보들을 영업비밀로서 관리하여 왔는지, 해당 직원도 그러한 사실을 잘 알고 있었는지, 해당 직원이 피해자 회사에서 재직한 기간 및 직위, 해당 직원이 퇴직하기 전 상당한 기간 창업 준비를 해 왔는지, 해당 직원이 실제로 해당 정보들을 이용하여 회사를 경영하거나 제품 제조를 하였는지 등의 사정을 종합 고려하여, 유출된 고객명부가 영업비밀로 인정된다면 부정경쟁방지법을 적용하든지, 혹은 그렇지 않다 하더라도 일정한 경우에는 업무상 배임으로 처벌하게 되는 것이다.

영업비밀을 침해한 자에 대해서는 어떠한 법적 책임을 물을 수 있을까? 형사처벌 및 손해배상청구가 모두 가능하다. 부정한 이익

Q: 얼마 전 저희 회사 직원이 경쟁업체로 전직하면서 회사의 중요한 영업자산인 고객 명부를 가져가 경쟁업체에 넘겼다는 사실을 알게 되었습니다. 업무상 배임죄로 형사고소를 할 수 있을까요? 이런 경우에 유출된 자료가 반드시 부정경쟁방지법상 영업비밀에 해당해야 하나요?

A: 본건의 경우 업무상 배임죄로 처벌이 가능합니다. 설사 유출된 자료인 고객 명부가 법률에서 규정한 영업비밀 요건을 충족하지 못한 경우라 하더라도, 해당 자료가 불특정 다수인에게 공개되지 않았고, 회사가 상당한 시간과 노력, 비용을 들여 수집하고 관리해 온 영업상 주요한 자산에 해당한다면, 그 자료를 유출한 행위자에게 업무상 배임의 책임을 물을 수 있습니다.

그러나 해당 자료가 불특정 다수인에게 공개되어 있는 공지(公知)의 자료라면 이미 누구나 자유롭게 이용할 수 있기 때문에 이러한 경우에는 업무상 배임죄의 성립도 어렵다고 보아야 합니다.

본건 사례의 경우 유출행위자의 회사 자료 반출로 인하여 회사에 손해가 발생한 사실 및 유출행위자 또는 자료를 입수한 경쟁회사에 이익이 발생한 사실을 입증한다면 유출행위자에게 업무상 배임죄의 책임을 물을 수 있습니다.

을 얻거나 영업비밀 보유자에게 손해를 입힐 목적으로 그 영업비밀을 취득·사용하거나 제3자에게 누설한 자에 대해서는 10년 이하의 징역 또는 5억원 이하의 벌금에 처하도록 되어 있다. 그리고 영업비밀을 외국으로 유출하는 경우에는 15년 이하의 징역 또는 15억원 이하의 벌금에 처한다. 한편 부정경쟁방지법에서는 영업비밀 침해자가 얻은 이익을 피해자의 손해액으로 추정함으로써 손해배상청구 소송에서의 실무적 난점인 손해액 입증의 부담을 완화하고 있다.

영업비밀 보호 강화는 글로벌 트렌드

영업비밀 보호를 강화하는 것은 전세계적인 추세이다. 2016년 한 해 동안만 하더라도, 미국은 기존의 영업비밀 보호에 관한 각 주의 법률과는 별도로 연방법으로 Defend Trade Secrets Act (DTSA)를 제정하였고, 유럽에서도 Trade Secrets Directive를 유럽 의회에서 통과시킨 바 있다. 일본 역시 영업비밀 침해에 대한 처벌을 강화하는 내용의 법 개정을 하였다. 기업 간의 경쟁심화와 정보통신기술의 발전으로 인하여 영업비밀 보호의 중요성이 그 언제보다 높아지고 있는 요즘이다. 기업경영을 하는 사람들은 특히 이에 대하여 경각심을 가져야 할 필요가 있다.

Chapter 29

징벌적 손해배상제도

• • •

징벌적 손해배상제도는 영미법에서 유래한 제도로서 고의적 불법행위를 저지른 자에게 피해자의 실제 손해보다 더 큰 금액의 손해배상을 명하는 제도이다. 현재 우리나라에서는 개별 입법의 형태로 징벌적 손해배상제도가 일부 도입되고 있는바, 통일성 있는 입법의 체계화가 필요한 시점이다.

최근 백화점과 납품업체 간 또는 프랜차이즈 본점과 가맹점 간 등 소위 "갑을(甲乙) 관계"가 형성된 분야에서 "갑질" 논란이 끊이지 않으면서, 그 해결방안 중 하나로 징벌적 손해배상제도가 활발하게 논의되고 있다. 또한 과거 수많은 피해자를 양산하였던 가습기 살균제 사건 같은 경우에도 그 해결방안으로 징벌적 손해배상제도가 부각되었다. 이 사건에서 제조회사는 판매제품에 독극물이 들어 있어서 사람의 생명이나 건강을 해칠 수 있다는 점을 알면서도 이를 그냥 판매하였고, 문제가 터진 다음에도 연구결과를 조작하는 등의 방법으로 사건을 은폐하려고 시도하여 많은 사람들의 공분을 산 바 있다. 그러나 이러한 사건들에서 피해자는 원인 규명에 많은 시간을 써야 할 뿐 아니라 피해자의 과실이 일부

인정되어 과실상계라도 당하게 되면 그 피해를 보상받는 데에는
턱없이 부족하다는 문제점이 부각되었다.

가습기 살균제 사건 등으로 이슈화

이러한 사회적 분위기 하에서 최근 치러진 대통령 선거에서도
이 문제는 이슈가 되어 문재인 대통령의 대선공약집에도 징벌적
손해배상제도를 확대하겠다는 항목이 명시되었으며, 공정거래위
원장의 취임사에서도 징벌적 손해배상제도를 확대하겠다는 정책
적 의지를 확인할 수 있었다.

그러면 징벌적 손해배상이란 무엇인가. 징벌적 손해배상

(punitive damages)이란, 기업이 불법행위를 통해 영리적 이익을 얻은 경우 이익보다 훨씬 더 큰 금액을 손해배상액이나 과징금으로 부과하는 방식의 금전배상을 말한다. 끼친 손해에 상응하는 액수만을 보상하게 하는 전보적(塡補的) 손해배상(보상적 손해배상, compensatory damages)만으로는 예방적 효과가 충분하지 않기 때문에 고액의 배상을 치르게 함으로써 장래에 유사한 불법행위의 재발을 억제하자는 데 그 목적이 있다. 징벌적 손해배상은 1763년 영국의 'Huckle v. Money 사건'에서 처음으로 그 용어가 등장했다고 한다. 이 사건에서 법원은 불법행위로 얻어지는 이익이 피해자에 대한 손해배상액을 초과한다는 계산 아래 징벌적 손해배상을 인정하였고, 이후 미국, 캐나다, 호주 등 주로 영미법계 국가로 파급되어 사용되고 있다.

징벌적 손해배상은 영미법에서 유래

그러나 영미법계 국가들에서도 징벌적 손해배상제도가 폭넓게 일률적으로 인정되는 것은 아니며, 가해자가 고의로(intentionally), 또는 악의로(maliciously), 또는 매우 무모하게(grossly reckless) 불법행위를 저지른 경우에만 인정된다. 따라서 단순 과실에 불과하거나 계약 위반(breach of contract)의 경우에는 적용되지 않는다.

또한 구체적으로 징벌적 손해배상을 인정할 것인지 여부에 대하여 미국의 법원은 다음과 같은 여러 요소들을 세심하게 판단한다. 첫째 실제 손해에 대한 손해배상 또는 명목적 손해배상(nominal damages) 청구를 기본 청구로 하고 있는지 여부(만약 기본 배상청구 없이 징벌적 배상만을 구할 경우에는 이를 인정하지 않음), 둘째 가해행위가 고의적 또는 악의적인지 여부, 셋째 징벌적 배상액이 실제 손해액(actual damages)에 상응 및 비례하는지 여부, 넷째 유사 사건에서 징벌적 배상을 인정한 사례가 있는지 여부 등이다. 징벌적 배상액의 범위에 관하여도 미국의 각 주는 이를 획일적으로 정하고 있지 아니하며, 어떤 주에서는 실제 손해액의 2~5배를 범주로 명시하고 있는 반면, 또 어떤 주에서는 배상액의 상한을 정하고 있지 않기도 하다.

우리나라 법원에서는 징벌적 손해배상 불인정

한편 우리나라에서도 불법행위로 인하여 손해가 발생한 경우에 실손해액의 배상만으로는 피해구제가 충분치 못하였고, 이로 인하여 실손해액보다 고액의 배상액을 부과하도록 하는 징벌적 손해배상제도를 도입하자는 주장 자체는 그 역사가 오래 되었다. 그러나 공·사법(公私法) 구분이 엄격하지 않은 영미법계 국가에서 발전된 징벌적 손해배상제도가 전보적 손해배상에 입각한 우리 법제에 이질적이라는 주장이 대세였고, 우리 법원도 이 제도가 공서양속에 반할 수 있다는 입장을 아래 대법원 판결에서 보듯이 계속 유지해 왔다.

> ## 대법원 2016. 1. 28. 선고 2015다207747 판결
>
> 민사소송법 제217조의2 제1항은 "법원은 손해배상에 관한 확정재판 등이 대한민국의 법률 또는 대한민국이 체결한 국제조약의 기본질서에 현저히 반하는 결과를 초래할 경우에는 해당 확정재판 등의 전부 또는 일부를 승인할 수 없다."라고 규정하고 있는데, 이는 "징벌적 손해배상"과 같이 손해전보의 범위를 초과하는 배상액의 지급을 명한 외국 법원의 확정재판 등의 승인을 적정범위로 제한하기 위하여 마련된 규정이다.

이와 같이 우리 법제에는 이질적이라고 평가되던 징벌적 손해배상제도 도입에 동력을 제공한 것은 우리 사회의 "갑"들이라고 볼 수 있다. 갑들의 방만한 행태들이 징벌적 손해배상제도의 도입과 확대를 지지하는 여론과 입법에 힘을 실어주었다.

징벌적 손해배상 입법의 체계화가 필요

2011년 "하도급거래 공정화에 관한 법률"의 개정을 통해 징벌적 손해배상이 우리 법제에 처음 도입된 이후로 "기간제 및 단시간근로자 보호 등에 관한 법률", "파견근로자 보호 등에 관한 법률", "신용정보의 이용 및 보호에 관한 법률", "개인정보 보호법", "대리점거래의 공정화에 관한 법률", "정보통신망 이용촉진 및 정보보호 등에 관한 법률", "제조물책임법", "가맹사업거래의 공정화에 관한 법률" 등 총 9개 법률에서 징벌적 손해배상이 제도화되었

다. 하도급법이 징벌적 손해배상제도의 물꼬를 튼 이후로 여러 분야에서 징벌적 손해배상제도가 도입되었으며, 이미 제도화된 이외의 여러 분야에서도 징벌적 손해배상제도를 도입하자는 법률안들이 다수 발의되고 있다. 기존의 입법례처럼 분야를 특정하지 말고 징벌적 손해배상에 관한 일반법을 만들자는 법률안도 2건이나 발의되어 있고, 특허·공정거래·방위사업·안전관리·최저임금·채권추심 등의 분야에 이를 도입하자는 법률안도 발의되어 있다. 또한 내용면에서는 지금까지의 입법적 표준이라고 할 수 있는 "3배액 배상"이라는 한도를 넘어서는 법안도 있다.

그러므로 이와 같이 난립되어 있는 여러 입법들의 통일성 및 체계성을 강화하는 일이 향후 과제로 남게 되었다. 만약 징벌적 손해배상제도의 도입이 개별 분야별로 통일성 없이 진행될 경우에는 징벌적 손해의 요건이나 배상액수 산정요인에서 합리적 이유 없이 편차가 발생할 수 있고 입법적 완성도에서도 차이가 발생할 수 있다. 입법을 추진하는 행정부 공무원이나 시민단체, 국회에서도 모두 세심한 주의를 기울여야 할 것이다.

Chapter 30

입찰절차의 하자와 가처분에 의한 구제

• • •

국가나 지방자치단체가 실시하는 입찰에서는 절차의 공공성과 공정성이 매우 중요하다. 따라서 입찰절차의 공공성과 공정성을 해할 만한 중대한 하자가 있는 경우에는 입찰참가자의 가처분 신청에 의하여 입찰절차의 속행금지 및 우선협상대상자 지위의 보전을 구하는 법적 구제가 가능하다.

국가나 지방자치단체 또는 공기업의 수요물품 조달이나 공사 및 용역 도급은 국가계약법 등의 관계 법령에 의하여 원칙적으로 경쟁입찰에 의하게 되어 있다. 국가 등이 수요로 하는 물품, 공사나 용역에 관한 입찰은 그 규모가 보통 수십억원 내지 수백억원 이상 되는 경우가 많다. 이와 같이 그 규모가 크고 원활하며 안정적인 대금지급이 확보되어 있다는 점에서 업체 간의 경쟁이 치열하고 그에 따른 부작용이 있을 수 있다.

공공계약 입찰 과정에서 법적 분쟁이 많이 발생

그러므로 입찰을 주관하는 국가(조달청)나 지방자치단체로서는 공급자 선정의 공정성과 투명성을 담보하는 것이 매우 중요하다. 당연히 관련 법령이나 내부 규정 등을 통하여 낙찰자 선정을 위한 절차와 심사기준에 관한 상세한 규정을 두고 있는 것이 보통이다. 그러나 누가 보아도 그 객관적 의미가 명백하고 모든 예상 가능한 사안을 포괄할 수 있는 규정을 마련한다는 것은 사실상 불가능하다. 따라서 입찰참가자들과 입찰실시기관 사이에 규정의 해석과 적용을 둘러싸고 크고 작은 분쟁이 생기게 마련이며, 그 중에 상당수는 소송으로 이어지고 있다.

만약 하자 있는 입찰절차가 그대로 진행되어 계약이 체결되고, 그에 따라 계약 이행이 상당한 정도로 진행되면 이미 그 자체로 하나의 기존 질서가 정립된다. 이러한 단계에서 뒤늦게 계약의 효력을 부인하고 입찰절차의 하자를 바로 잡는 것은 오히려 법적 안정성을 침해할 소지가 크다. 따라서, 소송을 하더라도 법률적으로 소의 이익 또는 보전의 필요성이 없다고 판단받을 가능성이 크다.

그러므로 입찰절차의 하자를 바로잡기 위한 소송은 타이밍이 생명이다. 당연히 그 권리구제가 너무 늦어서 사실상 불가능하거나 무의미해지는 것을 막기 위하여, 본안 소송보다는 가처분 소송에 의하는 것이 실무이다.

공공계약은 국가 등이 사경제의 주체로서 행하는 계약체결 과정

그런데, 국가나 지방자치단체가 실시하는 입찰도 그 법률적 성질로 보아서는 국가 등이 공권력을 행사하는 것이 아니라 사경제

(私經濟)의 주체로서 상대방과 대등한 관계에서 체결하는 사법상 계약이다. 이는 사인 간의 계약과 다를 바 없다. 그러므로 단순히 입찰에 참가하였다는 사정만으로는, 아직 계약이 체결되기 전이기 때문에 입찰참가자에게 어떠한 계약상의 권리가 인정된다고 보기 어렵다. 그렇다면 과연 입찰절차의 하자를 이유로 권리구제가 가능한 것인지 의문이 생길 수 있다.

이에 대하여 법원의 실무는 다음과 같은 논리로 입찰참가자의 권리구제가 가능하다고 보고 있다. 국가나 지방자치단체가 실시하는 입찰절차에 관하여는 입찰실시기관의 행위적법성과 절차투명성이 상당히 담보되어 있다. 따라서 입찰에 참가하는 자들은 입찰절차가 상당히 진행된 경우 나머지 입찰절차가 관계 법령 등이 정한 규정에 따라 계속 진행되리라는 신뢰 내지 기대를 갖게 된다. 이러한 신뢰나 기대는 관계법령 및 신의칙 등에 의하여 보호받아야 할 법적 이익이다. 만약 입찰실시기관이 관계법령 및 입찰공고에서 규정하고 있는 절차나 기준 등에 위반한다면, 그같은 잘못은 입찰절차에 관한 규정을 둔 취지나 공공의 이익, 그리고 입찰에 참가한 자들의 신뢰를 해치는 것이다. 그러므로 하자 있는 입찰절차에 의하여 피해를 입은 입찰참가자는 낙찰자선정의 무효 확인이나 낙찰자 또는 우선협상대상자로서의 지위 확인, 절차의 속행금지 등 재판상의 청구를 할 수 있다(대법원 2000. 5. 12. 선고 2000다2429 판결 등).

우선협상대상자란 경쟁입찰에서 여러 입찰업체 중 가장 유리한 조건을 제시해 1차로 추려진 업체를 말한다. 우선협상대상자로 선정되면 일정 기간(배타적 협상기간) 동안 우선적으로 계약체결을 위한 협상에 임할 수 있는 권리가 생긴다.

우선협상대상자를 선정하는 이유는 좋은 조건을 제시한 업체에 우선협상권을 부여함으로써 보다 용이하게 협상을 하도록 하자는 취지이다. 우선협상대상자는 통상 1개 업체가 선정되지만, 제시조건이 유사하면 2개 이상 업체를 선정하는 경우도 있다.

우선협상대상자로 선정됐다고 해서 반드시 최종낙찰자가 되는 것은 아니다.

입찰절차의 하자가 중대하여 공정성을 해칠 경우에만 무효

그러나 앞서 본 바와 같이 입찰절차는 기본적으로 국가나 지방자치단체가 사경제의 주체로서 계약체결을 하기 위한 행위이다. 이러한 점을 고려하여 우리 법원은 수많은 분쟁을 처리하는 과정에서 다음과 같은 매우 중요한 법리를 일관되게 설시하고 있다.

이른바 공공계약은 국가나 지방자치단체가 사경제의 주체로서 상대방과 대등한 위치에서 체결하는 사법상의 계약으로서 그 본질적인 내용은 사인 간 계약과 다를 바가 없으므로, 입찰절차에 어떠한 하자가 있다고 하더라도 그것만으로 당해 입찰이 무효가 되는 것은 아니다. 더 나아가 입찰절차의 하자가 그 공공성과 공정성을 현저히 침해할 정도로 중대한 경우 또는 누가 보더라도 선량한 풍속 기타 사회질서에 반하는 행위에 의하여 이루어진 것임이 분명한 경우 등 특별한 사정이 있는 경우에 한하여 무효가 된다(대법원 2006. 6. 19.자 2006마117 결정, 대법원 2012. 9. 20.자 2012마 1097 결정 등 다수의 판례).

따라서 위와 같은 재판상의 권리구제는 낙찰자 선정의 내용과 그에 이르기까지의 절차가 객관적으로 보아 위법하거나 재량권을 일탈함으로써 입찰절차의 공공성과 공정성이 현저히 침해되었다고 인정되는 경우에 한하여 허용되는 것이다.

구체적인 사례를 한 번 살펴보자. 서울고등법원 2011. 10. 20.자 2011라1243 가처분 사건에서, 피신청인 대한민국은 신청인 법인의 대표자 등록정보 미변경을 중대한 하자로 보고, 신청인에 대한

실시설계적격자 취소통보를 한 후, 같은 날 곧바로 경쟁 컨소시엄을 실시설계적격자로 선정하였다. 또한 신청인들이 즉시 지위보전등 가처분 신청을 제기하였음에도 불구하고, 피신청인 대한민국은 경쟁 컨소시엄을 낙찰자로 결정하고 본계약까지 체결하였다.

그러나 법원은 위 대법원 판례의 법리에 따라 피신청인의 위와 같은 입찰 진행이 무효라고 판단하였다. 즉 법원은 신청인의 대표자 등록정보 미변경이 이미 실시설계적격자로 선정된 신청인들의 입찰 전체를 무효로 보아야 할 만큼의 중대한 하자라고 볼 수 없다고 보았다. 결국 피신청인의 행위는 재량의 범위를 현저히 일탈한 것으로서 그 하자의 정도가 중대하므로 무효이고, 신청인들이 여전히 실시설계적격자로서의 지위에 있다고 판시하였다.

또 다른 사례를 하나 더 살펴 보자. 청주지방법원 2009. 5. 19.자 2009카합27 가처분 사건에서 법원은 발주기관이 우선협상자를 선정하여 통지까지 하게 되면 그로써 우선협상대상자의 사법적 · 대외적 권리가 확정되는 것이므로, 우선협상대상자는 그 권리에 기초하여 발주기관을 상대로 계약체결을 위한 협상에 나아갈 "특정의무의 이행"(specific performance)을 소구(訴求)할 수 있는 것이라고 선언하였다.

이러한 법리의 선언은 매우 중요하다. 왜냐하면 법원은 발주기관이 임의로 우선협상대상자를 상대로 한 계약체결 협상의무 이행을 하지 않을 경우, 단순히 그러한 의무불이행이 금전적 손해배상청구의 원인이 된다고 판단한 것이 아니라, 한 걸음 더 나아가 "계약체결을 위한 협상의무" 그 자체를 이행하도록 재판상 청구할 수 있다는 점을 명백히 밝히고 있기 때문이다.

절차의 공정성과 합목적성의 비교형량이 핵심

요컨대, 입찰절차를 둘러싼 법적 분쟁에서는, '공익'과 '사익' 간의 비교형량 내지, '절차의 공정성'과 '가장 적합한 낙찰자 선정이라는 합목적성' 중 어느 쪽을 우선시할 것인지가 문제의 핵심이다. 따라서 가처분을 통한 권리구제를 원하는 입찰참가 기업들로서는 위에서 살펴 본 판례의 대원칙, 즉 입찰 절차의 공공성과 공정성을 해할 만한 중대한 하자를 입증하는 데 주력해야만 한다.

에필로그

이 책을 출간하기 위하여 많은 사람들과 작업을 하였습니다. 특히 출판을 흔쾌히 승낙해 주신 도서출판 오래의 황인욱 사장님, 실무 작업을 챙겨주신 정호용 차장님, 그리고 삽화 작업을 해 주신 티디디자인 편집부에 감사의 말씀을 드립니다.

아울러 저의 졸고에 대하여 기꺼이 추천사를 써 주신 서울대학교 경영대학원의 신재용 교수님께도 특별한 감사의 말씀을 전합니다. 신재용 교수님과는 제가 수년 전부터 서울대학교 경영대학원의 CFO 전략과정에서 "이사의 책임과 기업지배구조"라는 주제로 기업체 임직원 분들을 위한 강의를 맡고 있기 때문에 특별한 인연이 있습니다. 본 칼럼집에 실린 글들 중에는 위 강의에서 다루었던 주제들도 많이 들어 있습니다.

아직까지 우리 주변에서 실제로 일어나고 있는 비즈니스 사례들에 대하여 심도 있으면서도 알기 쉽게 법률적 분석을 한 책은 없었던 것 같습니다. 제가 그러한 첫 시도를 한 셈이 됩니다.

그동안 비즈니스 세계에 관심이 있으면서도 그에 대한 법이론적 분석에 목말랐을 많은 법학도와 경영학도, 실무 법률가와 비즈니스맨, 언론인과 기자 그리고 일반 독자들에게도 이 책이 한 줄기 단비 같은 역할을 할 수 있다면 더할 나위 없이 기쁠 것으로 생각합니다. 다시 한 번 감사의 말씀을 드립니다.